LES FESTES
DE
THALIE,
BALET,

REPRESENTÉ POUR LA PREMIERE FOIS,

PAR L'ACADÉMIE ROYALE
DE MUSIQUE,

Le Mardy quatorziéme Août 1714.

Le prix est de trente sols.

A PARIS,

Chez PIERRE RIBOU, seul Libraire de l'Académie
Royale de Musique, Quai des Augustins, à la descente
du Pont-Neuf, à l'Image Saint Loüis.

M. DCC. XIV.

Avec Approbation, & Privilege du Roy.

AVERTISSEMENT.

LE fujet de ce Balet eft l'Amour Triomphant dans les trois differens états du beau Sexe, Fille, Femme, & Veuve; cela forme trois Fêtes differentes que Thalie donne fur le Théatre de l'Opera, par l'ordre d'Apollon.

Il y a prés de trois ans que j'avois été tenté de faire cet Opera, fous le titre de *Fragmens Comiques* : J'en avois même fait le Prologue & l'Acte de la Veuve. Enfin à la folicitation de mes amis j'ai achevé ce Balet. Et d'une Piece que je voulois intituler l'*Amant de fa Femme*, & que j'avois commencée dans un autre genre; j'ai fait mon Acte de la Femme que j'ai ajufté au Théatre de l'Opera. A l'égard de l'Acte de la Fille je l'ai nouvellement imaginé.

J'ai fait mes efforts dans ce petit Ouvrage pour plaire au Public; mais je ferois de plus en plus animé à contribuer à fes amufemens, s'il pouvoit m'être auffi indulgent fur ce Théatre, qu'il a eu la bonté de m'être favorable au Théatre de la Comédie.

ACTEURS

DU PROLOGUE.

MELPOMENE,	Mad^{lle} Antier.
THALIE,	Mad^{l.e} Pouflin.
APOLLON,	M. Hardoüin.

ACTEURS DU PREMIER ACTE.

LA FILLE.

ACASTE *Capitaine de Vaiffeau, Amant de Leonore*,	M. Thevenard.
CLEON *Pere de Leonore*,	M. Dun.
BELISE *Mere de Leonore*,	M. Mantienne.
LEONORE *Fille de Cleon & Belife*,	Mad^{lle} Pouffin.
UN ALGERIEN,	M. Lemire.
UNE FILLE *Marfeilloife*,	Mad^{lle} Minier.

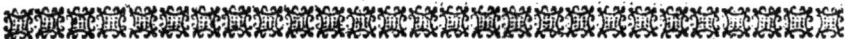

ACTEURS DU SECOND ACTE.

LA VEUVE.

LEANDRE *Aman d'Ifabelle*,	M. Cochereau.
FABRICE *Confident de Leandre*,	M. Dun.

ISABELLE *Veuve.*   Mad^{lle} Heuzé.
IPHISE *Confidente d'Isabelle,*   Mad^{lle} Antier.
UNE BERGERE,   Mlle Minier.

ACTEURS DU TROISIE'ME ACTE.

LA FEMME.

CALISTE *Femme de Dorante,*   Mad^{lle} Journet.
DORINE, *Femme de Zerbin :*   Mad^{lle} Pouffin.
DORANTE *Epoux de Califte,*   M. Thevenard.
ZERBIN *Epoux de Dorine,*   M. Mantienne.

ACTEURS DES DIVERTISSEMENS

du Prologue.

SUIVANS de Melpomene.

Meffieurs Javilliers, Duval, Pierret, Rameau, Guyot,
Dangeville-C.

SUIVANS de Thalie.

Mademoifelle Guyot.
Meffieurs Germain, Dumoulin-L. P. Dumoulin, Dan-
geville-L.
Mefdemoifelles Menés, Ifecq, la Feriere, Harau,

ACTE PREMIER.

FESTE MARINE.

Chef de la Fête.

Monfieur D-Dumoulin.

ESCLAVES ALGERIENS.

Meffieurs Germain, Dumoulin-L. Blondy, Marcel,
Gaudrau, Javilliers.

MATELOTS MARSEILLOIS.

Monfieur F-Dumoulin, Mademoifelle Guyot.
Meffieurs P-Dumoulin, Dangeville-L. Guyot, Duval.
Mefdemoifelles Haran, la Feriere, Mangot, Duval.

ACTE II.

NOCE DE VILLAGE.

BERGERS & BERGERES.

Le pere & la mere du Marié.

Monfieur, Ferrand, Mademoifelle Lemaire.

Le pere & la mere de la Mariée.

Monfieur Marcel, Mademoifelle de la Feriere.

Le Marié & la Mariée.

Monsieur D-Dumoulin, Mademoiselle Prevost.

P A Y S A N S.

Messieurs Germain, Gaudrau, Javilliers.

P A Y S A N N E S.

Mesdemoiselles Mangot Rameau, Corbiere.

A C T E I I I.

B A L.

T R O U P E S D E M A S Q U E S.

Mademoiselle Prevost.

Messieurs.	*Mesdemoiselles.*
Marcel.	Menés.
Blondy.	Isecq.
Ferrand.	Lemaire.
Dangeville-L.	Haran.
Javilliers.	Dimanche.
Pierret.	Leroi.
Gaudrau.	Rameau.

A R L E Q U I N.
Monsieur F-Dumoulin.
A R L E Q U I N E.
Mademoiselle de la Feriere.
P A G O D E.
Monsieur P-Dumoulin.

Noms des Acteurs & des Actrices, chantans dans tous les
Chœurs du Prologue, & du Balet.

PREMIER RANG.

Mesdemoiselles
Guillet.
La Roche.
Pasquier.
Mesnier.
Du Laurier.
Boisselet.

Messieurs
Paris ,
Thomas.
Courteil.
Corby.
Flamand.
Alexandre.
Aubeau.
Le Jeune.
Le Mire.

SECOND RANG.

Mesdemoiselles
Basset.
Déboizé.
Tetlet.
Menez.
Billon.

Messieurs
Deshayes.
Lebel.
Morand.
La Rosiere.
Gervais.
Duplessis.
Le Comte.
Desjardins.

LES FESTES DE THALIE.

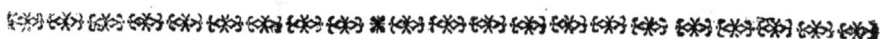

BALET.

PROLOGUE.

La Scene est sur le Théatre de l'Opera.

SCENE PREMIERE.

MELPOMENE, Suite de Melpomene.

MELPOMENE *regardant le Théatre de ses Spectacles.*

Théatre de ma gloire, où regne l'harmonie,
Ne recevez des loix que de mon seul génie.

b

PROLOGUE.

Mes Sujets font les Rois, les Heros, & les Dieux,
Rien ne peut égaler mes Spectacles pompeux.

Théatre de ma gloire, où regne l'harmonie,
Ne recevez des loix que de mon seul génie.

J'attendris par les sons, mes pleurs & mes soupirs,
Mes tragiques douleurs forment les vrais Plaisirs.

Théatre de ma gloire où regne l'harmonie,
Ne recevez des loix que de mon seul génie.

CHOEUR.

Regnez divine Melpomene,
Regnez des vrais plaisirs aimable Souveraine.

Les Heros de la suite de Melpomene lui rendent hommage
par leurs danses.

SCENE II.

MELPOMENE, THALIE,

On entend une Symphonie vive & gaye qui annonce l'arrivée de la Muse Comique.

MELPOMENE.

Dieux ! quels frivoles sons ? Que vois-je ? c'est
Thalie !
Vient-elle de ses jeux étaler la folie ?
Ofez-vous donc vous faire voir
En des lieux pleins de mon pouvoir ?

THALIE.

Je viens avec les Ris pour égayer la Scene.

MELPOMENE.

Armide, Phaëton, Atis,
Roland, Bellerophon, Thetis,
De ce brillant séjour me rendent Souveraine,
Muse retirez-vous.

THALIE.

Je le voi bien, ma Sœur, un mouvement jaloux
Contre moi vous anime.

b ij

PROLOGUE.

MELPOMENE.

Croyez-vous de mes Vers effacer le Sublime ?

THALIE.

Sans vous rien difputer, je voudrois entre-nous
Par un autre chemin mériter quelque eftime.

MELPOMENE.

Vous mériterez mon courroux.

THALIE.

Ma Sœur, un mot feul peut fuffire
Pour faire voir qu'on me doit préferer ;
On eft bien-tôt las de pleurer,
Se laffe-t'on jamais de rire ?

Vous faites à l'Amour une cruelle offenfe
De ne l'offrir que furieux,
Sous des traits plus rians je l'offre à tous les yeux,
Qui de nous, fert mieux fa puiffance ?

MELPOMENE.

Apollon en ces lieux s'avance,
Il fçaura de nous deux faire la difference.

SCENE III.

APOLLON, MELPOMENE, THALIE,

APOLLON.

ESt-ce ainsi qu'à mes vœux, Muses, vous répondez ?
Que deviennent les Jeux que j'avois demandez ?

MELPOMENE.

On en voudroit éloigner Melpomene.

THALIE.

C'est votre ordre, Apollon, qui dans ces lieux m'a-
meine.

ENSEMBLE.

C'est moi qui dans ces lieux prétens donner des loix.

APOLLON à *Melpomene.*

Ne pouvez-vous comme autrefois
Joindre vos airs pompeux aux doux chants de Thalie ?
Ce mélange aujourd'hui charme encor l'Italie.

MELPOMENE.

Ce seroit avilir mes Héros & mes Rois.

PROLOGUE.

APOLLON.

Hé bien ! entre vous deux il faut faire un partage,
L'une & l'autre en son tems en plaira davantage.

Que la Paix regne en ces beaux lieux ,
Réünissons Melpomene & Thalie.

L'une dans les hyvers pourra chanter les Dieux;
L'autre dans les beaux jours par sa douce folie,
Charmera les cœurs & les yeux.

Que la Paix regne en ces beaux lieux,
Réünissons Melpomene & Thalie.

MELPOMENE.

Quoi sous d'égales loix l'une & l'autre on nous range?
Je reçois d'Apollon des mépris si cruels ?
Quoi tout Dieu qu'il est, son goût change !
Ah ! c'est une foiblesse à laisser aux mortels.

Elle sort avec les Heros de sa suite.

SCENE IV.

THALIE *seule.*

Venez, volez de toutes parts,
Je vais offrir à vos regards
Des Jeux fans pleurs & fans triftefle.

Mon art eft le plus doux des arts,
Il eft l'amour de la Jeuneffe,
Et je fais leçon de tendreffe.

Venez, volez de toutes parts,
Je vais offrir à vos regards
Des Jeux fans pleurs & fans triftefle.

SCENE V.

THALIE; JEUX & PLASIRS
qui accourent de toutes parts.

CHOEUR *des Jeux & des Plaifirs.*

Triomphez Mufe charmante,
Triomphez de l'ennui, des pleurs & des foupirs,

.Couronnez la Troupe riante
Des Jeux & des Plaiſirs,

Les Jeux & les Plaiſirs celebrent la Gloire de Thalie
par leurs danſes.

THALIE.

Pour mieux faire éclatter mon triomphe en ce jour,
Signalons dans nos Jeux le pouvoir de l'Amour.

Beautez, en tout tems , à tout âge,
L'Amour eſt ſûr de votre hommage.

Il regne dans tout l'Univers,
Si l'Hymen vous engage, ✶   ✶ *Femme.*
Si vous ſortez de ſes Fers, ✶   ✶ *Veuve.*
Si vous fuyez ſon Eſclavage ; ✶   ✶ *Fille.*

Beautez, en tout tems à tout âge,
L'Amour eſt ſûr de votre hommage.

CHOEUR.

Triomphez Muſe charmante,
Triomphez de l'ennui, des pleurs & des ſoupirs,
Couronnez la Troupe riante
Des Jeux & des Plaiſirs.

Fin du Prologue.

LA FILLE.

LA FILLE.

Le Théatre represente le Port de Marseille.

ACTE PREMIER.

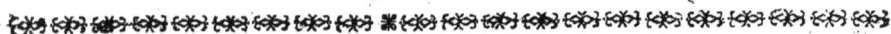

SCENE PREMIERE.

ACASTE, CLEON.

CLEON.

Quelle est donc la beauté dont vous portez la chaîne ?

ACASTE.

Vous verrez dans peu ses attraits.

A

L'Amour, pour me bleſſer a puiſé tous ſes traits,
    Dans les beaux yeux d'une inhumaine.
Mais ſongez à la fête & me laiſſez ici
    Attendre l'objet qui m'engage.

CLEON.

Vous me rendez heureux, vous allez l'être auſſi,
Vos bontez dans Alger m'ont tiré d'eſclavage,
Aprés dix ans de maux, je revoi ce rivage.

Chere Epouſe, en ce jour, quel ſera ton tranſport,
De revoir ton Epoux, quand tu le croyois mort ?

SCENE II.

ACASTE *seul*.

NE puis-je me flatter d'une douce esperance ?
L'objet que j'aime, helas! s'oppose à mon bonheur.

Cruelle indifference,
Contre mes feux tu defends trop son cœur;
Le nœud de l'hymen lui fait peur.

Ne puis-je me flatter d'une douce esperance ?
L'objet que j'aime, helas! s'oppose à mon bonheur.

Mes soins, mes soupirs, ma constance,
Ne peuvent fléchir sa rigueur,
L'Amour même auroit peine à s'en rendre vainqueur.

Ne puis-je me flatter d'une douce esperance ?
L'objet que j'aime, helas! s'oppose à mon bonheur.

Attendons un moment pour m'offrir à ses yeux,
Sa mere doit parler en faveur de mes feux.

SCENE III.

BELISE, LEONORE.

LEONORE une Guittare à la main.

Rire, danfer, chanter eft mon partage,
Sans foins, fans amour, fans defirs,
Point d'hymen, point d'efclavage,
Je ne m'engage
Qu'aux feuls plaifirs.

BELISE.

Acafte eft de retour, aprés un long voyage,
Donnez-lüi votre main, couronnez fes foupirs.

LEONORE.

Des plus tendres foupirs l'hymen bannit l'ufage,
Rire, danfer, chanter eft mon partage.

BELISE.

Depuis que mon époux a quitté ce rivage.
Dans les pleurs j'ai paffé dix ans.
Sans doute il ne vit plus, votre feul avantage
M'a fait refufer mille Amans.

Voulez-vous perdre ainſi le Printemps de votre âge?

LEONORE.

L'Hymen cauſe des ſoins , ces ſoins trop importans
    Nous font vieillir dés le Printems.

Rire , danſer , chanter eſt mon partage,
    Sans ſoins , ſans amour , ſans deſirs,
    Point d'hymen, point d'eſclavage ,
        Je ne m'engage
        Qu'aux ſeuls plaiſirs.

SCENE IV.

ACASTE, BELISE, LEONORE.

ACASTE.

VOs mépris, Leonore, ont-ils fini leurs cours ?
Daignez-vous confentir à mon bonheur fu-
prême,
Et verrai-je bien-tôt commencer mes beaux jours ?

LEONORE.

De l'Amant voilà les difcours ;
Ceux de l'Epoux font-ils de même.

ACASTE.

L'Hymen ne fervira jamais qu'à m'enflâmer.

LEONORE.

Non, l'on ne s'aime plus, dés que l'on doit s'aimer.

BELISE à *Acafte.*

Ne lui faites point violence,
Portez ailleurs des vœux qu'elle n'écoute pas.

ACASTE.

Que ne puis-je arracher mon cœur à fa puiffance?

LEONORE *à Acaste.*

Vous trouverez ailleurs de plus charmans appas.

ACASTE.

O Ciel ! à tant d'amour faire tant d'injuſtices !

BELISE.

Sa legere humeur, ſes caprices
Sur les douceurs d'hymen répandroient le poiſon :
Si vous voulez gouter d'éternelles délices,
Prenez femme qui ſoit dans l'âge de raiſon.

ACASTE *à Beliſe.*

Je goute vos conſeils, ils finiront ma peine.

LEONORE *à part.*

Quelle honte pour moi s'il ſortoit de ma chaîne !

ACASTE.

Que dites-vous ?

LEONORE.

Suivez des conſeils genereux.

ACASTE, *à part le premier vers.*

Le ſeul dépit jaloux peut la rendre à mes feux.

Vous me conſeillez donc une chaîne nouvelle ?

LEONORE.

Cherchez quelque objet moins rebelle.

BELISE à *Acaste.*

Je fçais la beauté qu'il vous faut ,
Elle veut vous charmer , fes yeux brillent encore
Du même feu dont brille Leonore ;
Elle n'en a pas un défaut.

ACASTE.

Montrez-moi fans tarder l'objet qu'il faut que j'aime.

BELISE, *fe montrant.*

Vous la voyez , c'eft une autre elle-même.

ACASTE *déconcerté.*

Cachons le trouble affreux dont je fuis agité ,
Faifons voir pour fa mere un amour affecté.

à *Leonore.*

Votre rigueur inhumaine
A trop long-tems éclatté ,
Ne pouffez pas votre haîne
Contre un Amant rebuté,
Jufqu'à traverfer la chaîne
Qui fait fa felicité.

ACASTE ;

ACASTE, BELISE *à Leonore.*

Ne pouſſez pas votre haine
Contre un Amant rebuté,
Juſqu'à traverſer la chaîne
Qui fait ſa felicité.

LEONORE, *s'en allant.*

Sortons, ce que j'entens me cauſe trop de peine,

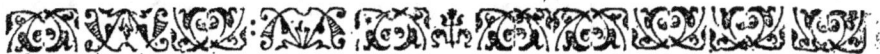

SCENE V.

BELISE, ACASTE.

ACASTE *courant aprés Leonore.*

ELle fuit....

BELISE.

Laissons-la, ne songez plus qu'à moi;
Je ne m'occupe plus qu'à vous être fidelle,
Hâtons l'heureux instant de vous donner ma foi,
Vous seriez esclave avec elle,
De vous, je recevrai la loi.
Tu seras mon Epoux, mon Souverain, mon Roi.

Consens à de nouveaux soupirs,
N'aime plus qui te hait, & ne hais point qui t'aime,
Mon amour sur tes pas conduira les plaisirs,
C'est assez qu'avec eux, tu me souffres moi-même.

Cleon paroît.

SCENE VI.

CLEON, LEONORE , BELISE, ACASTE,
Troupe de Captifs Algeriens enchaînez; Troupe de Matelots Marseillois.

CLEON *appercevant sa femme.*

AH la Perfide !.... au moins pour former d'autres nœuds
Attens ma mort tu n'attendras plus guere.

BELISE, *reconnoissant Cleon.*

Mon Epoux.....

ACASTE, *à Leonore.*

Quoi c'est votre Pere
Que j'ai tiré des fers ?.... ah ! je suis trop heureux.

LEONORE, *contente.*

Vous n'épouserez point ma more.

ACASTE.

Qui m'y forçoit, helas ! c'étoit votre rigueur ?
Puis-je être heureux sans vous ? non, il n'est pas
possible

B ij

LES FESTES
Eh ! dans cette feinte penible
Ne lisiez-vous pas dans mon cœur ?

CLEON, à Acaste.

Que ma Fille envers vous m'acquite
Et recevez le prix que votre cœur mérite.

ACASTE, aux Captifs Algeriens.

Vous à qui ma valeur fit subir l'esclavage,
Je brise vos liens, allez soyez heureux,
Vous devez ce bonheur à l'Objet qui m'engage,
Rendez-en grace à ses beaux yeux,
Et formez en ce jour les plus aimables Jeux
Avec les Habitans de ce charmant Rivage.

On ôte les chaînes aux Captifs.

Chantez l'Amour, chantez sa gloire ;
Il triomphe d'un cœur qui méprisoit ses traits ,
Chantez, publiez à jamais
Sa nouvelle Victoire.

CHOEUR.

Chantons l'Amour, chantons sa gloire ,
Il triomphe d'un Cœur qui méprisoit ses traits,
Chantons, publions à jamais
Sa nouvelle Victoire.

Les Captifs Algeriens dansent.

UN ALGERIEN.

Triomphe Amour de la Beauté,
Qui nous rend aujourd'hui la liberté ;
    Qu'Elle a d'appas !
    Qui ne l'aimeroit pas ?
    Ses beaux yeux sont vainqueurs
    De tous les cœurs ;
    Mais à son tour
    Elle cede à l'Amour.

Triomphe Amour de la Beauté
Qui nous rend aujourd'hui la liberté.

à Acaste.

    Vous allez être son Epoux ;
    Qu'un sort si doux
    Vous fera de Jaloux.
    Soyez constant,
    Vivez content,
    Que vos desirs
    Naissent des Plaisirs.

Triomphe Amour de la Beauté,
Qui nous rend aujourd'huy la liberté.

Les Marseillois & Marseilloises dansent.

UNE FILLE MARSEILLOISE.

Tout Amant
Comme le vent
Eſt ſujet à changer,
N'en courons pas le danger.
Tel qui nous rend hommage,
N'eſt qu'un volage,
Défions-nous
D'un vent ſi doux.

Sur les flots
Point de repos;
Dans l'empire amoureux
L'on n'eſt guere plus heureux,
Qui laiſſe le rivage
Court au naufrage,
C'eſt trop riſquer
Que s'embarquer.

CHOEUR.

Chantons l'Amour, chantons ſa gloire,
Il triomphe d'un Cœur qui mépriſoit ſes traits;
Chantons, publions à jamais
Sa nouvelle Victoire.

Fin du premier Acte.

LA VEUVE.

Le Theatre represente un Boccage & dans l'éloignement l'on Découvre un Hameau.

ACTE SECOND.

SCENE PREMIERE.

LEANDRE, FABRICE.

LEANDRE.

Isabelle me defespere,
Elle fuit ma presence & veut toujours pleurer.
Je respecte ses pleurs, je crains de lui déplaire,
Et je lui cache enfin l'ardeur vive & sincere
Dont mon cœur se sent dévorer.

FABRICE.

Si l'on vous fuit, c'eſt un myſtere
Qu'on veut vous laiſſer ignorer.

LEANDRE.

Ce ſoin de m'éviter redouble encor ma crainte.

FABRICE.

Son Epoux étoit vieux, la tenoit en contrainte,
Et la tirranniſoit par d'injuſtes rigueurs ;
Je croi voir à peu prés la cauſe de ſes pleurs.

LEANDRE.

Explique-toi ; diſſippe mes allarmes.

FABRICE.

A ſes attraits naiſſans vous rendites les armes,
Avant que ſon hymen eût ſeparé vos cœurs,
Peut-être eſt-ce pour vous qu'elle repand des larmes?

LEANDRE ſurpris.

Pour moi ?

FABRICE.

C'eſt un ſecret pour relever ſes charmes
Voilà la cauſe de ſes pleurs.

LEANDRE.

Non, la ſeule vertu peut cauſer ſes douleurs;

Mais

Mais je veux rompre enfin un trop cruel filence,
C'eft trop me faire violence.

FABRICE.

Elle fçait votre ardeur, ne vous contraignez pas.

LEANDRE.

Ifabelle paroît.

Dieux ! elle addreffe ici fes pas
Elle rêve & femble interdite...
O Ciel ! vit-on jamais de plus charmans appas ?...
Cachons pour un moment le trouble qui m'agite.

SCENE II.

ISABELLE, seule.

L'Image de Leandre en tous lieux m'environne,
Et celle d'un Epoux ne peut m'en garantir ;
Je le voi bien, l'Amour l'ordonne :
Mais le Devoir n'y veut pas confentir ;
Faut-il que pour jamais ma gloire m'abandonne ?

Sombre appareil, lugubres ornemens,
Reprochez-moi toujours ma flâme,
Mon Epoux ne vit plus, je fais mille fermens
De fuir l'Amour & fes engagemens.

Reprochez-moi toujours ma flâme
Sombre appareil, lugubres ornemens.

Eft-ce un crime d'aimer ? helas que de tourmens
Pour combattre un panchant qui vient flatter mon
Ame !
Sombre appareil, lugubres ornemens,
Vous me reprochez trop ma flâme.

SCENE III.

ISABELLE, IPHISE.

IPHISE *gayement.*

Leandre va bien-tôt se rendre à vos genoux :
    Enfin, son tendre cœur espere
Que vous serez sensible à cette ardeur sincere
Dont avant votre hymen il a brûlé pour vous.

ISABELLE *fierement.*

'Ah qu'il ne vienne point !... aux cendres d'un Epoux
Je dois sacrifier le feu qui le devore :
    Tes discours seroient superflûs
    Iphise ne m'en parle plus.

IPHISE.

    Quoi voulez-vous par vos refus
    Desesperer qui vous adore ?

ISABELLE *d'un ton plus doux.*

Doit-il bien-tôt venir ?... Crois-tu qu'il m'aime encore ?

IPHISE.

Puisque vous le voulez je n'en parlerai plus.

ISABELLE.

Helas ! que mon fort eft à plaindre,
Faut-il que de l'Amour j'éprouve les rigueurs ?

IPHISE.

On fçait que votre époux ne valoit pas vos pleurs
Vous avez tort de vous contraindre.

Pour moi dés mes plus jeunes ans
Je perdis un époux l'objet de ma tendreffe ;
Mais je n'employai pas mon tems
A perdre en vains regrets ma brillante jeuneffe.

ISABELLE.

Quand on fuit les tendres Amours,
On n'éprouve point leurs allarmes,
Leurs tourmens font couler nos larmes,
Et l'on doit paffer d'heureux jours
Quand on fuit les tendres Amours.

ENSEMBLE.

ISABELLE. ⎧ Quand on fuit les ⎫ tendres amours,
PHISE. ⎨ Quand on cede aux ⎬

On n'éprouve point leurs allarmes,
⎧ Leurs tourmens ⎫ font ⎧ couler ⎫ nos larmes,
⎨ Leurs plaifirs ⎬   ⎨ tarir ⎬

Et l'on doit paffer d'heureux jours
⎧ Quand on fuit les ⎫ tendres amou s.
⎨ Quand on cede aux ⎬

SCENE IV.

ISABELLE, LEANDRE, IPHISE.

LEANDRE.

J'Interromps vos regrets, mon aspect vous offense,
O Ciel ! vous me fuyez que mon sort est affreux.

ISABELLE *à Iphise à voix basse.*

Iphise que dit-il ?

IPHISE.

Il dit tout ce qu'il pense
Et tout ce que peut dire un cœur bien amoureux.

ISABELLE.

Fuyons donc . . . .

LEANDRE.

Quoi faut-il perdre toute esperance
N'écouterez-vous point un amant malheureux ?

IPHISE *à Leandre.*

Eteignez, éteignez un amour témeraire,
Condamner sa douleur c'est aigrir son couroux.

C iij

LEANDRE *à Isabelle.*

Votre douleur vous est trop chere,
Vous la devez à votre Epoux.

Je ne viens point sage Isabelle
Blâmer de sinceres regrets,
Si vous ne pleuriez pas un époux si fidele
Je vous trouverois moins d'attraits.

IPHISE *à Leandre.*

Ah ! vous ne pouvez trop approuver sa tendresse
Pour un objet si digne d'être aimé.

LEANDRE *à Isabelle.*

Mon cœur avec vous s'interesse
Pour cet objet inanimé.

ISABELLE.

Je dois gemir de mon sort rigoureux.

LEANDRE.

Helas ! je ne puis trop vous plaindre;
Qui ne seroit sensible en voyant ces beaux feux
Que le trépas ne peut éteindre?

Quoi vous vous éloignez ? vous ne m'écoutez pas ?
Que se suis malheureux, helas !

ISABELLE.

Je ne puis que pleurer.

IPHISE.

Hé bien, pleurez enfemble.

ISABELLE.

Que diroit-on ? ô Ciel ! ah je frémis !.... je tremble..

On entend un bruit de mufique champêtre.

Mais de quels chants retendit ce féjour ?

LEANDRE.

Ce font d'heureux Bergers des hameaux d'alentour,

ISABELLE.

Des Bergers ? ah fuyons !.... ils parleront d'amour

LEANDRE.

Non, ils parlent d'hymen, calmez votre colere.

Une jeune Bergere
Au Dieu d'Hymen a confacré fon cœur,
On chante aujourd'hui fon bonheur :
De deux Epoux unis l'image doit vous plaire.

SCENE V.

NOCE DE VILLAGE.

LE MARIE', LA MARIE'E, les gens de la Noce, & les Acteurs de la Scene précedente.

On joüe la Marche.

CHOEUR DES BERGERS.

Qu'à danser chacun s'apprête,
     L'Amour prend soin de la fête,
Qu'à danser chacun s'apprête,
     Celebrons d'aimables nœuds.

UNE BERGERE *seule.*

Deux cœurs amoureux s'unissent,
L'Amour les a fait tous deux
     Pour être heureux,
Pour jamais leurs tourmens finissent,
     L'Hymen a comblé leurs vœux.

LE CHOEUR.

Qu'à danser chacun s'apprête,
     L'Amour prend soin de la fête,

Qu'à

Qu'à danfer chacun s'apprête,
　　Celebrons d'aimables nœuds.

LA BERGERE.

Rien ne vaut la douceur extrême
De poffeder l'objet qu'on aime,
Les Plaifirs, les Ris, les Jeux
Sont le doux prix des plus beaux feux.

CHOEUR.

Qu'à danfer chacun s'apprête,
　　L'Amour prend foin de la fête,
Qu'à danfer chacun s'apprête,
　　Celebrons d'aimables nœuds.

On danfe.

IPHISE à *Ifabelle.*

Aimez, cedez aux charmes les plus doux,
Sur les aîles d'Amour la Triftefle s'envole.

　　C'eft un Amant qui confole
　　De la perte d'un Epoux.

Aimez, cedez aux charmes les plus doux,
Sur les aîles d'Amour la Triftefle s'envole.

D

CHOEUR.

Du Dieu d'Hymen chantons les douces flâmes:
Qu'il enchaîne nos tendres cœurs.,
N'éteignons jamais les ardeurs
Que son flambeau fait naître dans nos ames.

On reprend la Marche & la Noce s'en va.

LEANDRE *à Isabelle après le*
Divertissement.

Ces Jeux n'ont point touché votre ame,
Blâmerez-vous toujours une si tendre flâme !
Vous ne répondez point? helas expliquez-vous !...

IS ABELLE *incertaine.*

Ah ! chere Iphise où sommes-nous ?

IPHISE.

Allez sur son tombeau consulter votre Epoux.

Fin du second Acte.

LA FEMME.

Le Theatre represente une Salle preparée pour un Bal.

ACTE TROISIÉME.

SCENE. PREMIERE.

CALISTE seule avec un masque à la main.

AMOUR, charmant Vainqueur
Que ton Empire à de douceur
Lorsqu'on ne craint point de Rivale.

D ij

Sans partage aujourd'hui je regne dans un cœur,
Qui croit brûler d'une infidele ardeur :
O douceur sans égale !

Amour charmant Vainqueur
Que ton Empire a de douceur
Lorsqu'on ne craint point de Rivale.

SCENE II.

CALISTE, DORINE.

DORINE *en colere.*

ON fait à vos appas une offenſe mortelle,
        Voyez cet appareil pompeux,
Votre Epoux qui vous croit abſente de ces lieux;
        Votre Epoux infidele
Prépare cette fête à l'objet de ſes feux.

CALISTE.

Je ris de ſon amour comme de ta colere.

DORINE.

Souffrir ſa trahiſon, & la voir de ſi prés?
Vangez-vous de l'objet que l'Ingrat vous préfere.

CALISTE.

        Je ne me vangerai jamais
        D'une Rivale qui m'eſt chere.

Voi l'objet dont ſon cœur adore les attraits,
Dans un Bal l'autre jour l'Amour fit ce miracle,
        Le maſque lui cachoit mes traits,
Ses deſirs curieux s'irritoient de l'obſtacle.

Je le quittai timide… inquiet….amoureux.
Je lui promis dans peu de m'offrir à sa vûë,
Et c'est pour découvrir enfin son Inconnuë,
    Qu'il a fait préparer ces Jeux.

DORINE.

Voilà les hommes.
D'un bien que l'on possede oublier les appas,
    C'est la mode au siecle où nous sommes;
    On veut un bien que l'on n'a pas,
        Voilà les hommes.

CALISTE ET DORINE.

Quand l'Hymen aux Amans vient presenter ses
        chaînes,
    L'Amour s'envole pour jamais
    Et nous perdons tous nos attraits
    En cessant d'être souveraines.

CALISTE.

Cependant de mes fers il a peine à sortir,
Le trouble de son cœur par ses regrets s'exprime.

Que j'aime les remords que je lui fais sentir!
    Qu'ils flatent l'ardeur qui m'anime!
    Ah! qu'en faveur du repentir,
    On pardonne aisement le crime.

Je l'apperçois… allons sous ce masque trompeur,
    Joüir encor de son erreur.

SCENE III.

DORANTE, ZERBIN.

ZERBIN.

VOtre Epouse est partie, elle est loin de la
      ville,
Et vous voilà le maître pour deux jours.

DORANTE.

Zerbin, que je suis peu tranquile,
C'est ici que j'attens l'objet de mes amours.
Je vais donc voir les traits de celle qui m'enchante,
J'ai peine à retenir ma joye impatiente.

ZERBIN.

Pourquoi faire à Caliste une infidelité?
      Quel caprice est le vôtre?
      Epoux d'une rare beauté
      Pouvez-vous en aimer une autre?

DORANTE.

      Caliste mérite mes soins,
        A regret mon cœur est volage;
Je sens que je ne puis l'estimer davantage;

Mais je fens malgré moi que mon cœur l'aime
moins.

ZERBIN.

Vaut-elle moins que l'Inconnuë?

DORANTE.

Quelle difference ! ah grands Dieux !
Par un charme fecret mon ame fut émüe;
Oüi, toutes fes beautez s'expliquoient par fes yeux;
Mais fes traits dans ce jour vont s'offrir à ma vûë,
Et l'Amour va remplir mes defirs curieux.

ZERBIN.

Demafquer ce qui nous fçait plaire
C'eft s'expofer au repentir.

Il eft dangereux de fortir
D'une erreur qui nous éft chere.

Demafquer ce qui nous fçait plaire
C'eft s'expofer au repentir.

Califte paroît mafquée fuivie de Dorine qui l'eft auffi.

DORANTE. *appercevant fon Inconnuë.*

La vois-tu ? quels attraits !... Califte eft moins aimable.

ZERBIN *la confiderant.*

Je crois à fes appas le mafque favorable.

SCENE IV.

SCENE IV.

CALISTE *masquée*, DORINE *masquée*; DORANTE,
ZERBIN, *Troupe de Masques.*

CHŒUR *des Masques.*

CHantons, dansons, acourons tous,
Que chacun fasse sa conquête;
Goutons les plaisirs les plus doux,
Et que l'Amour soit de la fête.

DORANTE *à Caliste.*

Charmant objet de mon amour
Vous faites seule ici l'ornement de la fête;
Venus & sa brillante Cour
Embelliroient moins ce séjour:
Prenez part à ces Jeux, que l'Amour vous apprête.

*Dorante commence le Bal avec Caliste, & danse
avec elle.*

Les Masques dansent aprés.

DORINE *masquée.*

J'apperçois Zerbin mon époux,
Il ne me connoît pas... parlons, approchons-nous,

E

Voyons ſi l'exemple du maître
N'en a point fait un ſecond traître.

Vous ſemblez éviter mes pas.

ZERBIN.

Qui moi? j'ai d'autres ſoins en tête.

DORINE *Maſquée.*

Peut-être cherchez-vous ici quelque Conquête.

ZERBIN.

Vous ne vous y connoiſſez pas.

DORINE.

Et dans un Bal que venez-vous donc faire?

ZERBIN.

J'accompagne un maître amoureux.

DORINE.

Et vous? rien ne peut vous y plaire.

ZERBIN.

Le Sexe dés long-tems me rend trop malheureux.

DORINE.

Aimeriez-vous quelque inhumaine?

ZERBIN.

Quoi, suis-je fait pour les rigueurs?

DORINE.

Est-il rien de plus doux qu'Amour & ses faveurs?

ZERBIN.

Est-il rien de plus dur que l'Hymen & sa Chaîne?

DORINE.

Et pourquoi de l'Hymen détestez-vous les loix?

ZERBIN.

De ses fers je sens tout le poids.

DORINE.

Quels défauts a donc votre Epouse?

ZERBIN.

Elle est prude, bizarre, incommode, jalouse;
Elle m'a dégouté de son sexe trompeur,
   Peut-être seriez-vous comme elle?
Je la deteste... & grace à sa mauvaise humeur
   Je lui serai toujours fidele.

ON RECOMMENCE LE DIVERTISSEMENT,

*Dorante donne la main à Caliste & la conduit sur
le devant du Théatre.*

E ij

DORANTE à *Caliste masquée.*

Vous connoissez mon cœur, accordez à mes yeux
Le bonheur d'admirer vos charmes.

CALISTE *masquée.*

Ne me voyez jamais vous m'en aimerez mieux.

DORANTE.

Quels discours ! quels soupçons ! Qu'ils me causent
d'allarmes !

CALISTE.

Je veux votre bonheur.

DORANTE.

En est-il sans vous voir ?

CALISTE.

Si j'accorde à vos yeux un si foible avantage,
Mes charmes perdront leur pouvoir ?
A vous cacher mes traits l'Amour même m'engage,
Et m'en impose le devoir.

DORANTE.

L'Amour est offensé de tant de résistance.

CALISTE.

Je dois craindre votre inconstance.

DORANTE.

Ah ! permettez qu'à vos genoux
Je calme ces vaines allarmes ;
L'Amour fait mon devoir de ceder à vos charmes,
Et me dit en secret qu'il faut n'aimer que vous.

CALISTE.

Ne portez-vous point d'autre chaîne ?
Aucun objet n'a-t'il pû vous charmer ?

DORANTE.

Vous êtes de mon cœur maîtresse souveraine.

CALISTE.

D'autres que moi peut-être ont sçu vous enflâmer ?

DORANTE.

Quel autre objet que vous pourroit jamais me plaire ?

CALISTE.

Mais quoi ? n'avez-vous point de reproche à vous
faire ?

DORANTE à part.

Dieux ! sçauroit-elle mes liens ?

CALISTE.

Vous vous troublez … Qu'elle est une Caliste

Dont les attraits , peut-être effacent tous les miens ?

CENTER: **DORANTE** *un peu déconcerté.*

Caliste dites-vous !

CENTER: **CALISTE.**

Quoi ce nom vous attriste ?
Vous semblez interdit !… vous l'aimez … je le voi.

CENTER: **DORANTE.**

Non , je n'aime que vous , je m'en fais une loi.

CENTER: **CALISTE.**

Mais auprés d'elle enfin si l'Amour vous rappelle ?

CENTER: **DORANTE.**

L'Amour vous fait triompher d'elle.

CENTER: **CALISTE.**

Pourrez-vous l'oublier ?

CENTER: **DORANTE.**

Oüi, je vous le promets.

CENTER: **CALISTE.**

Vous ne l'aimerez plus ?

CENTER: **DORANTE.**
CENTER: Non.

CALISTE.

Quoi jamais ?

DORANTE.

Jamais.

Califte & Dorine fe démafquent.

ZERBIN.

Jufte Ciel ! quel trouble eft le nôtre !

DORANTE *d'un air riant fans fe troubler.*

Califte je fuis trop heureux,
L'Amour nous contente tous deux ;
Rivalle de vous-même & fans en craindre d'autre,
L'Amour aprés l'Hymen veut refferrer nos nœuds.

CALISTE.

Votre caprice eft digne qu'on l'admire,
Et je pourrois m'en irriter ?
Mais je dois vous imiter,
Et comme vous j'en veux rire.

CALISTE ET DORANTE.

Vole Amour dans nos cœurs lance de nouveaux
feux,
L'Hymen fans ton fecours ne peut rendre heureux.

On danse une contre-danse.

CHOEUR DES MASQUES.

Goutons de doux amufemens,
Le Bal offre des plaifirs charmans ;
Tout plaît, tout contente,
Tout rit, tout enchante
Les plus doux plaifirs
Comblent nos defirs.

On reprend la contre-danse.

Pour triompher de tous les cœurs,
L'Amour prend ici fes traits vainqueurs,
Tout plaît, tout contente,
Tout rit, tout enchante,
Les plus doux plaifirs
Comblent nos defirs.

Fin du troifiéme & dernier Acte.

APPROBATION.

J'Ay lû par ordre de Monfeigneur le Chancelier, *Les Fêtes de Thalie*, *Balet* ; & j'ai crû que l'impreffion en feroit agréable au Public. Fait à Paris ce 8. Août 1714.

DANCHET,

A PARIS. De l'Imprimerie de LAMESLE, rue du Foin, 1714.

LES TRAGÉDIES

DE

M. DE VOLTAIRE,

OU

TANCREDE

JUGE'E PAR SES SŒURS,

COMÉDIE NOUVELLE

En un Acte & en Profe.

Le prix eft de 20 fols.

A GENEVE,

Et fe trouve à Paris,

Chez CAILLEAU, Libraire, Quay des Auguftins, près le Pont Saint Michel, à Saint André.

M. DCC. LX.

Yf 8488

PERSONNAGES.

ŒDIPE.
ARTEMIRE.
HERODE ET
MARIAMNE.
BRUTUS.
ERIPHILE·
ZAYRE.
ALZIRE.
LA MORT DE
CÉSAR.
MAHOMET.
MEROPE·
SÉMIRAMIS.
LE DUC DE FOIX·
ROME SAUVÉE.
L'ORPHELIN DE
LA CHINE.
TANCREDE.

TRAGÉDIES
de
M. de Voltaire·

La Scene est à la Comédie Françoise.

Nous avertissons le Lecteur que ces Tragédies sont ici personnifiées, que ce sont elle qui parlent, & non le Héros dont elles portent le nom.

LES TRAGÉDIES

DE

M. DE VOLTAIRE,

OU

TANCREDE

JUGE'E PAR SES SŒURS,

COMÉDIE NOUVELLE.

SCÉNE PREMIERE.

LA TRAGÉDIE D'ŒDIPE *seule.*

QUE je suis indignée ! Encore une Sœur ! Mon Pere y pense-t-il ? Combien il me fait de tort ! Dans ma jeuneſſe je paroiſſois ſouvent en ces lieux, je faiſois plaiſir : & je ſerois oubliée ! Non, je demanderai vengeance ; c'eſt une ingratitude que je ne puis pardonner à mon Pere. Moi qui ai fait sa réputation ! Tout le monde sçait qu'il m'a l'obligation de ce qu'un Prince * aussi éclairé qu'illustre, l'honora de sa protection : que c'est moi qui l'ai rendu célebre, & je n'en suis pas mieux regardée. Mes Sœurs ignorent que leur famille est augmentée, je veux les prévenir, & les faire entrer dans ma juste colere.

SCENE II.

ŒDIPE, ZAYRE, ALZIRE.

ZAYRE.

ŒDIPE paroît bien agitée ! Dans son égarement elle ne nous voit pas. Ecoutons.

ŒDIPE *sans les voir.*

Toutes mes Sœurs seront traitées comme moi . . . nous irons chez l'Etranger ... Nous ne serons jamais oubliées.

ALZIRE. **

Oubliées ! Ce ne sera pas moi : je sers d'exemple.

---

* Monseigneur le Duc d'Orléans, Régent de France, présenta au Public M. de Voltaire, après la premiere Représentation d'Œdipe en l'année 1718 ; elle fut représentée trente fois de suite : & c'est depuis ce tems qu'on demande l'Auteur d'une Piéce nouvelle, lorsqu'elle réussit.

** Alzire fut représentée en 1736, elle eut 20 Représen-

ZAYRE.

Pour moi je fuis trop belle pour qu'on me
faffe cet affront.

ŒDIPE.

Je ne vous croyois point fi près de moi.
Puifque vous voilà, je ne vous irai point
chercher. Mais qui vous amene ?

ZAYRE.

Il fe fait tant de bruit ici depuis quelques
jours, que nous n'avons pu réfifter au defir
d'en apprendre le fujet.

ALZIRE.

Il n'eft pas poffible d'y tenir. Vous êtes ici,
vous fçavez ce qui l'occafionne.

ŒDIPE.

C'eft ce qui me met en courroux, fçachez
que notre Pere nous abandonne.

ZAYRE.

Comment donc! Nous lui avons fait tant
d'honneur.   ŒDIPE.

C'eft pour cela même ; & comme il veut
s'en procurer encore , il vient de mettre au
jour un nouvel enfant, & voilà le fujet de
ce bruit * qui peut nous être fatal. Ne point
fe laffer de faire des enfans à fon âge !

---

tations de fuite. Cette Tragédie eft un des chefs d'œuvres de
M. Voltaire ; c'eft fans contredit la mieux conduite de fes
Piéces , & dont le fujet foit prefque tout de fon invention.

* On fuppofe que les Tragédies de M. de Voltaire fe ré-
veillent au bruit des applaudiffemens que le Public n'a pu refufer aux beautés des troifiéme & quatriéme Actes de Tancrede.

ZAYRE.

Quel mal y trouvez-vous ? Cela lui coûte si peu. *

ŒDIPE.

Cela peut nous faire du tort par la suite.

ALZIRE.

Mais sommes-nous bien toutes de lui ?

ŒDIPE.

Gardez-vous bien de penser autrement, nous n'aurions jamais un pere d'un mérite si universel ; ce qui nous console, c'est que nous sommes bien faites, & que nous ne mourrons jamais ; mais plus nous aurons de Sœurs, plus nous ferons oubliées, & c'est ce que j'appréhende. Les derniers font oublier les premiers ; cela peut arriver parmi nous, & nous ne le méritons pas.

ALZIRE.

Assurément, il faut y mettre ordre.

ZAYRE.

C'est mon sentiment, & le tems presse.

ŒDIPE.

Je ne vois qu'un moyen ; c'est de n'admettre au nombre de nos Sœurs, que celles qui seront dignes de l'être. Epluchons leur conduite.

---

* M. de Voltaire ne mit que trois semaines à faire la Tragédie de Zaïre ; il la fit par complaisance pour une Dame respectable qui lui avoit reproché que toutes ses Tragédies étoient sans amour, & qu'il n'y régnoit pas assez de tendresse. Zaïre fut jouée en 1733, elle eut trente-deux Représentations consécutives.

ALZIRE.

Nous nous y prenons bien tard.

ŒDIPE.

J'en conviens. Mais il est encore tems. Nous sommes les premieres & les meilleures Tragédies de ce Spectacle ; comme bonnes & bien aimées du Public, intercédons-le pour nous. Il prendra notre parti, & ne recevra nos Sœurs que selon leur mérite & leur beauté.

ALZIRE.

Il ne faut point s'y prendre ainsi. Pourquoi fatiguer le Public de remontrances ? Il doit en être las. Si nous l'instruisions de notre procédé, il s'en formaliseroit ; il voit avec trop de plaisir toutes les productions de notre pere, pour nous être favorable.

ZAYRE.

Sa réflexion est juste.

ŒDIPE.

Eh bien, jugeons nous-même du mérite de nos Sœurs, mais avec impartialité. N'imitons pas ces gens qui croyent tout sçavoir pour faire l'extrait d'un Livre, & en dire du mal s'il est bon. Soyons sinceres, & les enfans de Voltaire

Doivent être assez grands pour être sans envie. *

Et si nous avertissions nos Sœurs.....

ZAYRE.

Elles se réveilleront sans doute au bruit qui se fait ici.

---

* Ce Vers est tiré de l'Acte V., Scene I. de Tancrede.

Je défierois bien qu'elles puiffent y réfifter.

ŒDIPE.

Que vois-je ? Il faut que le bruit foit re-
doublé, puifque voilà Artémire & Ériphile ;
elles font avec Hérode & Mariamne,& Brutus.

SCENE III.

ŒDIPE, ARTÉMIRE, HÉRODE ET MARIAMNE, BRUTUS, ÉRIPHILE, ZAYRE, ALZIRE.

ARTÉMIRE.

POURQUOI me tirer de la léthargie où
j'éto's ?

HÉRODE ET MARIAMNE.

Ce n'eft pas moi. Je me fuis réveillée
comme vous : & fi ie viens ici, ce n'eft que
pour y refter iufqu'à ce que le bruit qui nous
inquiéte, ceffe. *

---

* Hérode fut jouée en 1724, & ne fut repréfentée qu'une
fois Voici pourquoi. A la fin de cette Tragédie on préfentoit
à la Reine une coupe ; & dans le moment qu'elle alloit boire,
un mauvais Plaifant cria : *La Reine boit.* Cette idée fe trou-
voit à propos, attendu que cette Piéce fe donnoit la veille
des Rois. Tous les Spectateurs firent de fi grands éclats de
rire, qu'il ne fut pas poffible aux Comédiens d'achever la
Piéce. M. de Voltaire la retira, y fit quelques changemens,
& la redonna l'année fuivante, où elle reprit avec fuccès,

ARTÉMIRE.

Avec qui fommes-nous? Voilà des Perfonnes bien brillantes : retirons-nous.

ŒDIPE.

Reftez, Artémire ; ne craignez rien , nous fommes vos Sœurs.

BRUTUS.

Que fe paffe-t-il donc ici pour ne pas s'entendre? Approchez, Eriphile, vous marchez bien doucement.

ERIPHILE.

C'eft avec bien de la peine que je foutiens le grand jour. Depuis le tems que mon Pere me tient enfermée , je ne fuis pas reconnoiffable. *

ARTÉMIRE.

Ma fituation eft plus mauvaife que la vôtre. Depuis ma chute je tremble toujours.* *

BRUTUS.

Je ne comptois point reparoître ici fitôt ; moi qui fuis belle,on me néglige.

ŒDIPE.

On nous en fait autant, & nous avons toutes fujet de nous plaindre.

BRUTUS.

Vous fçavez le plaifir que j'ai fait ici ; ***

---

* Eriphile, Tragédie, fut jouée pour la premiere fois en 1732 ; elle eut fort peu de Repréfentations. Le fujet eft prefque tout d'invention ; M. de Voltaire la retira , & ne la fit point imprimer.

** Artémire n'eut qu'une Repréfentation en 1720, M. de Voltaire la retira.

*** Brutus fut jouée en 1730 ; elle eut quinze Repréfenta

la foule des Spectateurs étoit si grande , que
la Salle n'étoit pas assez vaste pour contenir
tout le monde.

HÉRODE ET MARIAMNE.

Vengeons-nous de l'affront qu'on nous fait.

ZAYRE.

Vous vous emportez pour bien peu de
chose. Que direz-vous donc quand vous
sçaurez que nous avons une nouvelle Sœur ?

BRUTUS.

Il ne faut point la recevoir.

ALZIRE,

Aussi voulons-nous la juger.

BRUTUS.

Laquelle ? Nous en avons de tant de fa-
çons… Elle n'est point ici sans doute.

ŒDIPE.

Elle est en ce lieu , & va paroître dans
un moment.

BRUTUS.

J'aurois voulu que ce fût Mérope , elle at-
tire tout le monde ici , & on n'a des yeux
que pour elle.

ALZIRE.

Mérope est bonne ; il ne faut pas lui vou-
loir du mal.

HÉRODE ET MARIAMNE.

Il faudroit aussi reprendre Mahomet ; elle

---

tions de suite & autant à la reprise ; c'est une des meilleures
Tragédies de M. de Voltaire.

eſt d'une hardieſſe révoltante ; elle imprime trop de terreur.

ZAYRE.

De la terreur ! c'eſt bon pour *Sémiramis* ; on a l'ame émue en la voyant.

ARTEMIRE.

Je n'aurois pas été fachée qu'on jugeât la Mort de Céſar *

ŒDIPE.

Son procès eſt tout fait : quoiqu'elle ait été fort applaudie & qu'elle ait de grandes beautés , nous l'avons renvoyée au collége.

BRUTUS.

Elle eſt trop bonne pour des grimauds.

ALZIRE.

Le Public a jugé toutes nos Sœurs , & nous nous réfervons à juger celle qui vient de naître.

HE'RODE ET MARIANNE.

Voici la Mort de Céſar , Mahomet , Mérope & Sémiramis ; elles ont du dépit : à qui en ont-elles ?

---

* La Mort de Céſar , Tragédie en trois Actes eſt ſans femmes, elle a plutôt été faite pour être repréſentée dans les Colléges que ſur le Théâtre françois. Elle fut cependant repréſentée 6 a 7 fois , elle fit même plaiſir ; elle fut jouée pour la premiere fois au Collége d'Harcour , où l'on aſſure qu'elle fut bien repréſentée.

A vj

SCENE IV.

ŒDIPE, ARTÉMIRE, HERODE ET MARIAMNE, BRUTUS, ÉRIPHILE, ZAYRE, ALZIRE, LA MORT DE CÉSAR, MAHOMET, MEROPE, SE'MIRAMIS.

LA MORT DE CE'SAR.

N'Etes-vous pas furprifes de me revoir fur le Th-âtre? malgré ce défaut que l'on me trouve de ne pas aimer les femmes, fi c'en eft un, & la haine que vous me portez, ne pouvant me fouffrir parmi vous, je n'ai pû réfifter à la curiofité que j'ai de voir ma nouvelle Sœur: elle commence à faire un bruit étonnant.

MAHOMET.

Il eft vrai qu'elle fait parler d'elle commefi el le étoit merveilleufe. *

ME'ROPE.

Elle ne fera jamais tant de bruit que j'en ai fait. **

* Mahomet fut repréfentée en 1742, elle n'eut que trois repréfentations de fuite, & 8 à la reprife.
** Mérope fut repréfentée en 1743, elle eut 15 repréfentations & 14 à la reprife.

SE'MIRAMIS.

Il ne faut pas qu'elle l'emporte fur nous. *
Au bruit qu'elle commence à faire, je
fuis bien vîte accouruë ici pour en empêcher
la continuation.

ŒDIPE.

Je fuis la premiere qu'elle a furprife ici;
je ne rougis point de vous avouer que j'ai
tremblée de fon arrivée.

ME'ROPE.

Comment ! elle iroit loin ?

MAHOMET.

Cela n'eft pas étonnant : tout ce que notre Pere enfante, fait toujours beaucoup de
bruit.

BRUTUS.

Nos jeunes Sœurs viennent : elles font
furieufes.

---

* Sémiramis fut repréfentée en 1748, elle eut 12 Repre-
fentations. Son fuccès fût très-douteux : mais à la reprife on
rendit à M. de Voltaire tous les éloges qu'il méritoit. Cette
Tragédie étant une des mieux écrites & des mieux verfifiées
de fes Pieces. Ce font partout des fentimens de grandeur
d'ame,

SCENE V.

ŒDIPE, ARTEMIRE, HERODE ET MARIAMNE, BRUTUS, ERIPHILE, ZAYRE, ALZIRE, LA MORT DE CESAR, MAHOMET, MEROPE, SÉMIRAMIS, LE DUC DE FOIX, ROME SAUVÉE, L'ORPHELIN DE LA CHINE.

LE DUC DE FOIX.

LEs voilà toutes ici... Nous arrivons peut-être un peu tard * c'est la faute de notre pere.. Au surplus, je ne suis pas bien intéressante.

ROME SAUVÉE.

Si vous me voyez avec vous, c'est par un effet du hazard : ** On peut tirer cependant quelque chose de moi.

---

* Le Duc de Foix fut jouée en 1752 ; elle eut 17 Représentations.

** M. de Voltaire, à la premiere Représentation de Catilina, Tragédie de M. de Crébillon, promit de venger Ciceron dont il trouva le Rôle foible & indigne d'un Orateur. Il donna en 1753 Rome Sauvée, où Ciceron fait le plus beau Rôle ; cette Piéce eut onze Représentations de suite.

L'ORPHELIN DE LA CHINE.

Lorsque je me contemple* auprès d'Œdipe, de Mérope, de Zayre, & d'Alzire, je me trouve bien petite. Cela me mortifie autant que d'avoir une nouvelle Sœur.

ŒDIPE.

Comment ! Le bruit s'est répandu jusqu'à vous ? cela est inconcevable.

L'ORPHELIN DE LA CHINE.

Nous ne venons ici que pour l'examiner à notre aise.

ROME SAUVE'E.

Notre Pere se fait vieux ; elle ne fera pas sans défaut.

SEMIRAMIS.

La plus belle d'entre nous n'en a-t-elle pas ; mais nous sommes trop.

ZAYRE.

Bon bon, moins nous servirons, moins nous ferons usées.

ROME SAUVÉE.

Et plus nous ferons plaisir quand nous reparoîtrons.

L'ORPHELIN DE LA CHINE.

Je vous assure que notre Pere auroit dû finir par moi ; j'avois achevé sa carriere avec gloire.

SÉMIRAMIS.

C'étoit bien par moi qu'il auroit dû finir.

---

* L'Orphelin de la Chine fut représentée en 1755, elle eut 17 Représentations.

MÉROPE.

Dites plutôt par moi. Je l'ai rendu immortel.

ŒDIPE.

Nous en avons chacune en particulier notre part ; & à l'exception de deux ou trois d'entre nous, nous lui avons fait toutes beaucoup d'honneur.

L'ORPHELIN DE LA CHINE.

Vous avez raison ; mais malgré ma jeunesse je ne puis distinguer les traits de mes deux Sœurs. Elles me paroissent âgées ; qui sont-elles ?

BRUTUS.

C'est Artémire & Ériphile. La première ne s'est fait voir qu'une fois ; la seconde n'eut gueres un plus grand avantage. Artémire étoit farcie de grands vers, dont la plupart portoient maximes, entr'autres celui ci * que Cassandre, un de ses personnages, prononce.

La honte est dans le crime, & non dans le supplice.

ŒDIPE.

Ce vers prouve bien que notre Pere a une prodigieuse mémoire : il est mot pour mot dans le Comte d'Essex, Tragédie de Thomas

---

* Dans le Porte-feuille trouvé de M. de Voltaire, on lit une Scene d'Artemne où le Vers se trouve, Tôme premier, page 97. Il y a cependant d'assez bonnes Tirades dans cette Tragédie, qui n'est point imprimée.

Corneille : encore aimerois-je mieux ,
Le crime fait la honte , & non pas l'Echaffaut.

L'ORPHELIN DE LA CHINE.

Il faut qu'Eriphile foit bien petite ; c'eft tout ce que je puis faire que de la diftinguer,

ROME SAUVE'E.

Voilà ce que c'eft que de n'avoir pas de fortune, on vous méprife. Si je n'avois point de partifans , on me mettroit à côté d'elle & d'Artémire.

ARTEMIRE.

Moi ! j'ai l'avantage fur toutes mes Sœurs de n'avoir fait pleurer perfonne.

ERIPHILE.

Ne devriez-vous pas , ma Sœur, garder le filence : faite comme moi : je ne parle pas dans la crainte de deshonorer notre Pere.

SEMIRAMIS *éclatant de rire.*

Ah ! ah ! ah ! ah ! regardez donc cette figure hétéroclite qui s'approche de nous.

HERODE ET MARIAMNE.

Elle n'ofe avancer : qu'elle marche lentement !

BRUTUS.

Elle nous fait des revérences...

ALZIRE.

C'eft nous qu'elle cherche.

ZAYRE.

Mais quelqu'un la precéde.

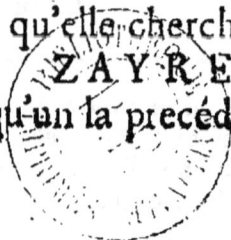

MÉROPE.

C'eſt celui qui a intercedé pour elle *

MAHOMET.

Je le reconnois, c'eſt un Habitant de ces lieux., je lui ai l'obligation de m'avoir fait revivre.

L'ORPHELIN DE LA CHINE.

Plus cette figure s'approche de nous, & plus elle me paroît ſinguliere.

LE DUC DE FOIX.

Elle n'eſt pas vétue comme nous **

ŒDIPE.

Avez-vous aſſez examiné votre Sœur ?

LA MORT DE CÉSAR.

Quoi ! c'eſt-là notre Sœur ! elle n'eſt pas ſi mal.

ŒDIPE.

Je vous tire de l'embarras où je vous vois depuis un moment.

SEMIRAMIS.

Elle nous fait des inclinations de têtes.

ŒDIPE.

Ce ne ſont pas des inclinations de têtes qu'elle vous fait. Ne voyez-vous pas qu'elle boite un peu.

---

* La premiere Repréſentation de Tancréde qui ſe fit le 3 Septembre, fut precedée d'un compliment que le ſieur le Kain prononça.

**Les Vers de la Tragédie de Tancréde ſont à rimes croiſées; cela n'a point paru ridicule, & M. de Voltaire a bien fait de ſécouer le joug des Vers à rimes platres.

ZAYRE.

C'eſt bien dommage.

BRUTUS.

Sa conduite irréguliere rend ſa marche difficile.

ROME SAUVE'E.

C'eſt peut-être une mode nouvelle. Notre Pere fait bien de ne ſe pas gêner.

ERIPHILE.

Je prévois qu'elle aura plus de bonheur que moi.

ARTEMIRE.

Il eſt bien malheureux pour moi de ne reſſembler à aucune de mes Sœurs.

LE DUC DE FOIX.

Elle nous contemple avec bien de l'attention.

ERIPHILE.

Pour moi, je voudrois n'être pas ici. Si je me retirois. . . ?

ŒDIPE.

Non, reſtez encore un moment : il faut au moins que vous ſoyez préſente à l'entrée de notre nouvelle Sœur.

ERIPHILE.

Je le veux bien : mais elle ne m'aura pas plutôt vue qu'elle m'oubliera.

ARTEMIRE.

Autant reſter. La voici.

SCENE VI.

ŒDIPE, ARTEMIRE, HERO-
DE ET MARIAMNE, BRU-
TUS, ERIPHILE, ZAYRE,
ALZIRE, LA MORT DE CÉ-
SAR, MAHOMET, MEROPE
SEMIRAMIS, LE DUC DE
FOIX, ROME SAUVE'E, L'OR-
PHELIN DE LA CHINE,
TANCREDE.

TANCREDE *garde le silence un moment, & voit ses Sœurs avec admiration.*

(à part)

Que de beautés ! sont-ce-là mes Sœurs ?
Ne me trompé-je pas ? Quelles sont grandes
& bien faites... En voilà pourtant de ma
taille, & même de plus petites que moi. Me
ferai-je connoître ? Pourquoi non ? Il ne faut
qu'un trait de ressemblance pour me décéler.
Elles ne disent mot.. & je n'ose leur parler
la premiere.

ŒDIPE.
Approchez, & remettez-vous un peu de

votre étonnement. Nous sommes vos Sœurs,
toutes du même Pere. & vous n'avez rien
à craindre de nous. Nous avons ici chacune
notre Palais; le même souvent sert à plusieurs
d'entre nous, mais c'est toujours en l'absen-
ce de l'une ou de l'autre. Votre arrivée en ces
lieux nous a surpris, nous vous l'avouons:
mais vous paroissez bonne, & nous espérons
que vous mériterez d'être avec nous par votre sincerité. TANCRE'DE.

J'ai bien cru ne jamais paroître ici: * mon
Pere étoit si irrité contre un Antiphiloso-
phe, ** qu'il m'avoit fait revenir avec lui.

BRUTUS.

Portez-vous un beau nom, ma Sœur ?

TANCREDE.

On m'appelle Tancréde.

ZAYRE.

Ce nom annonce quelque chose. Le Tasse
en parle comme d'un Héros fameux.

TANCREDE.

Je ne porte point le nom de ce Tancréde-
là : mon Héros est un Chevalier de Syracuse.

MAHOMET.

Ce trait d'Histoire ne me revient pas.

_____

* M. De Voltaire ayant appris que les Comédiens avoient
reçu la Comédie des Philosophes, retira aussitôt de leurs
mains, Tancréde & Zulime.
** M. Palissot, Auteur de la Comédie des Philosophes.
Cette Piéce n'auroit jamais dû paroître pour l'honneur de
notre Siécle & l'avantage de la Littérature.

ALZIRE

Vous devez intéresser davantage si vous
êtes neuve.

SEMIRAMIS.

Vous présentez vous bien sur la Scene ?

TANCREDE.

Mon abord est extrêmement difficile à
concevoir.

MEROPE

Il m'a semblé d'un froid à glace , & si
vous n'aviez pas été une fille de mon Pere
vous n'auriez pas prise si bien.

TANCREDE.

Je craignois bien de faire un faux pas en
entrant ici : mais l'indulgence du Public m'a
ranimée , & il ne s'en repent point.

MAHOMET.

Vous lui avez fait plaisir ?

TANCREDE.

Je le crois.

L'ORPHELIN DE LA CHINE.

Allez, Tancréde ; telle que vous êtes
vous ne l'emporterez jamais sur moi.

LA MORT DE CE'SAR.

Quand j'aurai fait connoissance avec elle
je dirai mon sentiment.

ARTEMIRE.

C'est la bonne façon de penser. Pour être
la plus jeune de nous , Tancréde me paroît
déjà grande.

ERIPHILE.

A quoi mon Pere penſoit-il donc quand il nous a mis au monde ? Tancréde a déja le pas ſur moi. Quel bonheur ? elle eſt née coeffée.

TANCREDE.

Vous me parlez les unes après les autres inutilement : comment voulez-vous que je vous réponde? Je ne vous connois pas : vous êtes preſque toutes fort belles ; mais je ne puis vous diſtinguer que par votre nom , & je l'ignore.

ŒDIPE.

Je vais vous en inſtruire. Je ſuis votre aînée ; & comme j'ai vû naître toutes mes Sœurs, voici en abregé les jugemens qu'on a porté d'elles.

ARTÉMIRE a parue après moi , & n'a pas eu aſſez de force pour ſe ſoutenir ; elle languit encore , & n'en reviendra pas.

HÉRODE ET MARIAMNE n'auroit pas été plus heureuſe ; mais à force de corrections, notre Pere la rendue meilleure : effectivement elle a des beautés.

BRUTUS ſe conduit ſagement , je voudrois que vous lui reſſembliez.

ERIPHILE fut malheureuſe ; elle eſt ſi mauvaiſe , que notre Pere n'a jamais eu le courage de la corriger.

ZAYRE eſt une de nos meilleures Sœurs. On lui reproche quelques défauts dans ſa marche ; mais c'eſt ſi peu de choſe , que le plaiſir qu'elle procure fait paſſer par-deſſus ces minuties.

ALZIRE eſt belle & ſa conduite régulière ; elle fera toujours honneur à notre Pere.

LA MORT DE CÉSAR a des beautés ; ſon défaut eſt de n'aimer que les hommes , c'eſt pourquoi elle ne peut reſter avec nous.

MAHOMET n'eſt pas mauvaiſe , elle a de la chaleur , mais vous n'avez rien à craindre d'elle.

MEROPE , ſa bonté eſt dangereuſe;& quoique ſans beaucoup de conduite , elle ne fait grace à aucune de nous , elle en ſurpaſſe même pluſieurs par ſon intérêt.

SEMIRAMIS eſt belle voir ; mais elle n'a pas de vraiſemblance , elle eſt cependant bien conſtituée.

LE DUC DE FOIX eſt froide ; il n'y a jamais eu qu'une ſeule action chez elle qui ait fait plaiſir : vous valez mieux qu'elle.

ROME SAUVÉE ne s'eſt point fait une grande réputation , notre Pere n'ayant pas mis aſſez de tems à la rendre parfaite ; elle reçut cependant des applaudiſſemens.

L'ORPHELIN DE LA CHINE eſt bien conduite, & fait beaucoup de plaiſir.

Quant à moi, je m'appelle ŒDIPE , je ſuis votre Sœur la mieux faite, je paſſe même pour le chef-d'œuvre de notre Pere aux yeux de bien des perſonnes éclairées

MEROPE,

MÉROPE.

Nous voilà peintes à ne pas s'y méprendre.

TANCREDE.

Je ne suis point ingrate ; je vais me faire connoître, en vous faisant un simple détail de mon individu.

SÉMIRAMIS.

Nous vous en prions en grace.

TANCREDE.

Je sçai ce que je vous dois ; puissai-je mériter votre bienveillance ! Voilà ce qui a donné lieu à ma naissance. Solamir, Général des Sarrazins, assiége Syracuse que plusieurs Chevaliers intrépides défendent vigoureusement. Argire, leur Chef, est à leur tête. Amenaïde, fille d'Argire, avoit été élevée à Bysance avec sa mere, où elle avoit fait connoissance de Tancrede, Chevalier proscrit de Syracuse. Elle l'aimoit du consentement de sa mere qui, avant sa mort, les avoient unis par des sermens. Amenaïde revient auprès de son pere. Tancrede voulant revoir Amenaïde, s'étoit rendu près de Syracuse dans l'intention de servir aussi sa patrie ingrate à son égard. Un billet surpris dans les mains d'un Esclave que l'on croit être pour Solamir, fait toute mon intrigue.

MÉROPE.

Que ce manége est rebattu ! Je suis surprise qu'il vous ait fait réussir

B

ZAYRE.

Le billet dont je me fers, a fait le même effet.

ŒDIPE.

Comment ! Un billet produit de grands événemens, quand il n'eſt pas entendu.

BRUTUS.

Entendons-nous ; & que Tancrede commence.

ARTEMIRE *à Eriphile.*

Que ferons-nous ici, ma Sœur ? J'en ſçai aſſez ; ſortons.

ERIPHILE.

Auſſi bien ne ſervons-nous pas à grand'-choſe. Tancrede vaut mieux que nous ; & cela ne nous rend pas meilleures.

ARTEMIRE.

Adieu, Tancrede ; nous allons nous repoſer. Comptez que nous ne vous ferons jamais de tort.

ERIPHILE.

Croyez-moi, Artemire, retournons aux Délices. Nous ne pouvons point faire de plus grande peine à notre Pere que d'être ſous ſes yeux.

ARTEMIRE.

Deux malheureux enſemble trouvent de la conſolation : je vous ſuivrai.

Elles ſortent.

SCENE VII.

ŒDIPE, HERODE & MARIAMNE, BRUTUS, ZAYRE, ALZIRE, LA MORT DE CÉSAR, MAHOMET, MEROPE, SÉMIRAMIS, LE DUC DE FOIX, ROME SAUVÉE, L'ORPHELIN DE LA CHINE, TANCREDE.

TANCREDE.

EST-CE que je leur déplairois ? Elles me fuyent. Si elles alloient cabaler ?

ŒDIPE.

Ne les craignez point : au contraire elles vous trouvent beaucoup au-deſſus d'elles.

BRUTUS.

Ne nous faites pas attendre davantage ; nous ſommes prêtes à vous donner audience.

TANCREDE.

Je commence. Le lieu de ma Scene eſt en Sicile. On me repréſente tantôt dans le Palais d'Argire, & tantôt dans une Place publique.

ACTE PREMIER.

DE TANCREDE.

LA première Scene de cet Acte s'ouvre par une Assemblée du *Sénat* de *Syracuse* dans le Palais d'*Argire*. On y parle des affaires & des troubles de l'Etat. Les Sénateurs concluent que pour sa sûreté, on punira de mort celui qui trahira sa patrie, sans égard pour le rang, le sexe & l'âge. Argire propose Amenaïde, sa fille, à Orbassan, un des Sénateurs, qui a rendu de grands services à l'Etat. Le Sénat se retire.

Il y a dans cette Scene un seul Vers de remarquable.

A l'infidélité, l'indulgence encourage.

Orbassan dit encore celui-ci en parlant d'Amenaïde.

Mais sa voix doit ici se taire au bruit des armes.

Amenaïde arrive ; Argire, son pere, lui annonce Orbassan pour époux. Elle frémit. Le nom de Tancréde échape à son pere. Amenaïde par un soupir fait connoître que ce nom lui est cher. Argire s'apperçoit de son trouble, & lui dit :

La bouche obéit mal lorsque le cœur murmure.

Il lui remontre les services importans

qu'Orbaffan a rendu à fa patrie. Amenaïde
répond :

Je voudrois qu'un Héros fi fier & fi puiffant,
N'eût point, pour s'aggrandir, opprimé l'innocent.

Elle demande à fon pere la liberté de l'en-
tretenir, avec la permiffion d'Orbaffan qui
fe retire. Amenaïde fait dans cette Scene
une expofition de fes malheurs. Son pere
veut qu'elle obéiffe, & il s'en va. Amenaïde
frémit de fa deftinée. Sa Confidente la confole en vain. En parlant des malheurs de
Tancrede, elle dit :

C'eft le fort des Héros d'être perfécutés,

A leur feul intérêt les Grands font attachés.

Comme elle a fait ferment de n'épou-
fer jamais d'autre Héros que Tancrede, elle
fe refoût à tout, plutôt que de lui être infidelle; & elle finit cet Acte par ces deux Vers :

Et s'il eft des dangers que la crainte envifage,
Ces dangers me font chers, ils naiffent de l'amour.

ŒDIPE.
Je trouve cette expofition obfcure.
MEROPE.
On ne pouvoit pas mieux la faire, & pour
moi je la trouve belle.
ZAYRE.
Mais vous ne parlez pas comme nous.
TANCREDE.
Mon Pere me fait parler fur ce ton pour
éviter la monotonie. B iij

MAHOMET.

Cela n'en fait pas plus mal. On ne s'y fait pas d'abord ; mais ce n'est pas ridicule.

SEMIRAMIS.

Si vous continuez de même, ce n'est pas le moyen de plaire.

ALZIRE.

Dans un premier Acte que peut-on désirer !

L'ORPHELIN DE LA CHINE.

Votre début me déplaît souverainement, ma Sœur.

TANCREDE.

Peut-être que l'Acte second vous interessera davantage.

TOUTES *ensemble*.

Nous le souhaitons.

TANCREDE.

Je vous ménage afin de ne pas vous surprendre trop subitement.

ACTE SECOND.

JE n'intéresse pas beaucoup dans la premiere Scene de cet Acte qui se passe entre Argire & Aménaïde sa fille. Argire sort. Aménaïde reste avec sa Confidente, à qui elle apprend que Tancrede n'est pas éloigné de Syracuse, & qu'elle lui a fait parvenir un billet par un Esclave fidele. Elle lui mande qu'il est

tems qu'il fe montre, & termine fon billet
par ce Vers :

Regnez fur Syracufe, & fur-tout fur mon cœur.

Sa Confidente lui repréfente les dangers
où Tancréde va s'expofer, s'il revient, & lui
demande :

Qui fera fon appui ?

Amenaïde lui répond :

Sa gloire.

Argire, Orbaffan & plufieurs Chevaliers
arrivent. Argire d'un ton févere dit à fa fille
de fe retirer. Ce qu'elle fait, ignorant le fujet de ce traitement. On condamne dans la
Scene fuivante Amenaïde à la mort pour
avoir trahi l'Etat. Le billet, trouvé dans
les mains de l'Efclave, que l'on a furpris dans
le camp de Solamir, pour qui l'on foupçonne qu'il eft, produit cet événement. Argire
veut défendre fa fille, un Chevalier lui répond :

Les loix n'écoutent point la pitié paternelle.

Argire & les Chevaliers fortent, & laif-
fent Orbaffan. Arrive Amenaïde enchaînée.
Orbaffan lui dit qu'elle eft accufé d'avoir trahi fa patrie, & qu'elle eft condamnée à la
mort. Il lui dit que comme il devoit être
fon époux, il croit pouvoir fe déclarer fon
Chevalier, felon la Coutume du Pays. Aménaïde lui répond fiérement *qu'elle ne veut
de lui ni pour Chevalier, ni pour époux.* Or-

B iv

baſſan ſort furieux. Amenaïde veut mourir plutôt que de changer de ſentiment, proteſtant qu'elle n'aimera jamais que Tancrede. Elle ſort en diſant :

Et je porte au tombeau,
De la fidélité l'exemble le plus beau.

BRUTUS.

Il y a bien des beautés dans cet Acte, mais elles ſont trop froides ; elles ne vous émouvent point.

LA MORT DE CÉSAR.

L'intérêt veut percer ; mais il eſt encore loin.

HÉRODE ET MARIAMNE.

Pour moi je m'y perds ; je crains que vous ne vous embarraſſiez dans votre marche.

ROME SAUVÉE.

Juſqu'à préſent vous ne valez pas mieux que moi, & je débute avec plus de chaleur.

ZAYRE.

Je ne vous vois encore aucune reſſemblance avec nous.

ŒDIPE.

Nous ſommes trop d'enfans pour être toutes belles.

LE DUC DE FOIX.

Je compte ſur la fin.

TANCREDE.

C'eſt là où je brille : écoutez cet Acte.

ACTE TROISIÉME.

*Le Théâtre repréfente, dans le fond, une Place
publique. D'un coté, ce font des Trophées,
des Cafques & des Boucliers attachés à des
arbres ; & de l'autre une partie du Palais
d'Argire.*

TANCREDE, dont je porte le nom,
arrive. Un Ecuyer & deux foldats l'accompagnent. Il regarde en foupirant Syracufe.
Il vient fervir l'Etat contre Solamir.

Je le fervis injufte, & le chéris ingrat.

Il veut fervir Amenaïde fa Maîtreffe. Il
s'informe où il eft, fon Ecuyer l'en inftruit,
& lui montre les Cafques & les Boucliers des
Chevaliers qui fe font fignalés dans les combats. Tancréde fait attacher le fien à un arbre. Sa devife eft *l'Amour & l'Honneur.* Il
remercie fon Ecuyer de fon zéle à le fervir,
qui lui répond.

Je ne fuis qu'un foldat, qu'un fimple citoyen.

Tancréde répart :

Je le fuis comme vous, les citoyens fon freres.

Il envoye fon Confident au Palais d'Argire s'informer de fa Maîtreffe. Il revient lui
dire qu'Aménaïde eft infidelle, qu'elle aime
Solamir, & qu'elle a trahi fa patrie. Tancré-

B. v.

de eft au défefpoir. Il apperçoit un vieillard dé-
folé, c'eft Argire. Il l'intérroge. Argire lui confirme le malheur de fa fille criminelle. Tancréde qui n'en eft pas connu, lui dit: *Je penfois*

> Que fi la vertu même habitoit fur la terre,
> Le cœur d'Amenaïde étoit fon fanctuaire *

Argire lui raconte que pour comble d'in-
fortune, aucun Chevalier ne fe préfente
pour défendre fa fille. Tancréde répond avec
vivacité :

> Il s'en préfentera, gardez vous d'en douter ?

Argire lui dit, qui ofera prendre fa défen-
fe : Qui ? répond Tancréde ?

> Moi. Je combattrai pour elle.

> *Elle ne le mérite point ; mais c'eft pour vous,*
> *pour fa famille augufte.* (continue-t-il.)

Orbaffan, & plufieurs Chevaliers viennent
annoncer à Argire le moment du fupplice.
On veut qu'il fe retire. Tancréde s'y oppofe,
& retient Argire. Amenaide arrive en our-
rée de Soldats & de Citoyens : elle adreffe
aux Chevaliers la parole, & finit fon Difcours par ce beau Vers :

> Qui va répondre à Dieu, parle aux hommes fans.
> peur.

Elle protefte qu'elle eft innocente ; & fa
furprife eft fans égale de trouver fon pere &
Tancréde avec lui. Elle perd connoiffance.

---

* Cette penfée eft belle, mais elle n'eft pas neuve. M. Le-
Miére s'en eft fervie dans fa Tragédie d'Hypermneftre.

Tancréde furieux, s'annonce pour fon Chevalier, jette le gantelet à Orbaſſan qui accepte le combat, & fait briſer les fers d'Aménaïde, qui devient libre juſqu'au ſuccès du combat. Orbaſſan, avant que de partir, dit encore ces beaux Vers :

D'un combat ſingulier la gloire eſt périſſable,
Mais ſervir ſa patrie eſt l'honneur véritable.

Les Chevaliers accompagnent Tancréde & Orbaſſan qui vont ſe battre. Aménaïde reſte avec ſon pere. Elle s'inquiéte de ne pas voir Tancréde. Elle ne ſçait ce qu'il eſt devenu. Son pere lui apprend que cet inconnu eſt ſon libérateur, & qu'il eſt ſon Chevalier. Aménaïde fait un ſoupir de joye ; ſon pere l'emmene ; & finit cet Acte par ce Vers :

O ma fille ! Vivez : fuſſiez-vous criminelle.

HÉRODE ET MARIAMNE.

Quelle chaleur ! Que de beautés ! Que de ſituations neuves !

ŒDIPE.

Quel intérêt ! Qu'il eſt vif ! O mon Pere ! Vous ne vieilliſſez point.

ZAYRE.

Quelle généroſité dans ce Héros, ma Sœur !

ALZIRE.

Je le blâme cependant de croire ſa Maîtreſſe infidelle ſur un faux ſoupçon.

SÉMIRAMIS.

Il faut de l'action : fans cela ferions-nous
parfaites ?   MÉROPE.

Je ne prévois pas encore le dénouement.

L'ORPHELIN DE LA CHINE.

Je voudrois déjà le voir; il doit être frap-
pant.

TANCREDE.

C'eſt ce dont vous jugerez. Je pourſuis.

ACTE QUATRIÉME.

TANCREDE eſt vainqueur d'Orbaſſan.
Pluſieurs Chevaliers,témoins de ſa victoire,
deſirent ſçavoir ſon nom, ce que Tancréde
refuſe. On le prie de remplacer Orbaſſan, &
de commander l'armée contre Solamir. Tancrede l'accepte avec plaiſir, le croyant ſon
rival. Les Chevaliers ſe retirent pour pré-
parer toutes les choſes néceſſaires pour la ba-
taille qui va ſe donner. Tancréde déſeſpéré
de l'infidélité de ſa Maîtreſſe, veut chercher
la mort dans les combats, ſans ſe faire connoître. Un Chevalier revient lui annoncer
que tout eſt prêt. Tancréde va pour le ſuivre.
Amenaïde l'arrête & ſe jette à ſes genoux,
en l'appellant ſon libérateur. Elle n'oſe le
nommer à cauſe du Chevalier qui eſt préſent. Tancréde détourne les yeux de deſſus
elle. Amenaïde s'en allarme. Elle lui promet

une reconnoiſſance éternelle. Tancréde lui
répond féchement :

Trop de reconnoiſſance eſt un fardeau peut-être ;
Vivez, Madame, & moi je vais chercher la mort.

Il ſort. Aménaïde ne peut revenir de ſa
ſurpriſe. Elle déplore ſes malheurs ſur la
froideur de Tancréde. Elle ignore les raiſons
qui portent ſon Amant à l'abandonner. Elle
s'emporte contre l'Univers, & ne veut plus
ſonger à Tancréde. Voilà les hommes, dit-
elle.

Ou trompeurs, ou trompés ; & ma douleur profonde
En oubliant Tancréde, oubliera tout le monde.

Sa Confidente lui apprend que Tancréde,
ſur le bruit public, la croit infidelle, & qu'il
croit, comme les autres, que ce billet fatal
étoit pour Solamir; mais que ce Héros eſt par-
donnable de ſon erreur, puiſqu'il ne ſçavoit
pas . . . . .

Il devoit me connoître,

Interrompit vivement Amenaïde. Argire
vient. Sa fille lui apprend que cet inconnu,
ſon libérateur, eſt Tancréde. Argire admire
la généroſité de ce Héros qui, après avoir été
proſcrit & dépouillé de tous ſes biens, revient pour le défendre & délivrer ſa fille.
Amenaïde dit avec enthouſiaſme.

Quel autre que Tancréde eût été mon appui?

Argire lui dit qu'il combat pour lui, qu'il

va le rejoindre. Amenaïde veut suivre son pere, Argire veut la retenir. Après un discours un peu trop hardi que tient Amenaïde à son pere en lui disant : *Notre sexe ne doit-il paroître qu'au milieu des Boureaux ? Vous n'avez plus d'autorité sur moi.* Elle finit par ce Vers.

L'injustice à la fin produit l'indépendance.

Argire convient qu'il n'a plus la même autorité sur sa fille, & sort.

Amenaïde est resolue d'aller au-devant des coups que Solamir peut porter à Tancréde & elle s'emporte toujours contre *l'amour qu'elle abjure & l'honneur qui l'accable.*

LA MORT DE CESAR.

Cet Acte ne m'a point fait tant de plaisir que le troisiéme.

ROME SAUVE'E.

Il est beaucoup meilleur que les deux premiers, l'intérêt augmente.

MEROPE.

Je n'aime point l'emportement d'Amenaïde vis-à-vis de son pere. Elle perd tout à fait le respect qu'elle lui doit.

SEMIRAMIS.

Pour moi je trouve votre Héros, ma sœur, trop froid. Il auroit dû éclaicir sa Maîtresse de la raison pour laquelle il ne veut point la voir ni l'entendre.

ZAYRE.

On ménage cet éclaircissement pour le dénouement.

ALZIRE.

C'est dans l'ordre ; & notre Pere a bien ménagé ses situations.

BRTUS.

Finissez-vous avec bien du fracas ?

TANCREDE.

Je cause plus de bruit que je n'en fais.

HE'RODE ET MARIAMNE.

C'est-à-dire que vous marchez lentement pour finir.

ŒDIPE.

Croyez-vous qu'on peut toujours aller de même ? à la fin on se fatigue.

MAHOMET.

Tâchez de vous soutenir jusqu'au bout ;

LE DUC DE FOIX.

Allez toujours, allez : vous ne pouvez plus tomber ; & je réponds de votre succès.

L'ORPHELIN DE LA CHINE.

Ne perdez point courage : vous faites trop de plaisir.

TANCREDE.

Je tremble de ne vous point émouvoir dans cet Acte. Cependant le voici.

ACTE CINQUIE´ME..

PLufieurs Chevaliers , & un grand nombre de Soldats ouvrent la Scene. Un des Chevaliers s'informe fi l'on a découvert le nom du vainqueur de Solamir , on l'ignore.. Tous les Chevaliers font furpris de la valeur de cet inconnu , & un d'entre eux dit entr'autres , ce beau Vers.

Nous fommes affez grands pour être fans envie.

Un autre Chevalier demande quel parti il faut prendre dans la fituation critique où ils fe trouvent , puifqu'on ne peut fçavoir le nom de ce Héros invincible : un Chevalier répond.

Il n'en eft qu'un pour nous , celui du repentir.

Amenaïde arrive avec Argire. On lui annonce que l'Inconnu a vaincu Solamir. Moment heureux pour elle ; mais lorfqu'elle refléchit que fon Amant la foupçonne d'infidélité , elle fe défole. Son pere pour la raffurer lui dit *qu'il ne faudra qu'un mot* pour détromper Tancréde. Amenaïde repond :.

Et ce mot n'eft pas dit.

Enfuite , faifant réflexion que fon Amant eft vainqueur , elle dit aux Citoyens dans l'enthoufiafme de fa joye , croyant revoir Tancréde.:

Tombez tous à fes pieds, il va tomber aux miens.

Mais un confident vient lui apprendre que Tancrede eft bleffé morrellement. Il lui apporte une lettre écrite du fang de ce Héros. Amenaïde fait un dernier effort pour la lire, la douleur s'empare de fes fens, & elle dit après avoir lû ce fatal écrit.

Eh bien, mon Pere!

Tancrede, porté par des Soldats & affis fur un trophée dreffé à fes belles actions, arrive; Amenaïde court fe jetter dans fes bras: Tancrede eft mourant, il ne répond rien aux tendres difcours de fon Amante. Elle lui dit cependant:

Honore d'un regard ton Amante fidèle.

A ces mots, Tancrede tourne la tête, ouvre les yeux fur Amenaïde, qui s'écrie avec tranfport, fon Amant ne ceffant de fixer fes regards fur elle:

C'eft donc là le dernier que tu jettes fur elle.

On défabufe Tancrede. Il demande à Argire de les unir enfemble, voulant mourir l'époux d'Amenaïde : ils fe donnent la main. Tancrede recommande à fa Maîtreffe de vivre, & il expire dans les bras de fon époufe. Les Chevaliers pleurent la deftinée de ce Heros : Amenaïde s'écrie avec emportement : *Eh ! que m'importe à moi vos pleurs?*

Elle entre dans un fi grand tranfport, qu'elle croit voir fon Amant qui l'appelle;

& fa douleur eft fi grande en ce moment, qu'elle expire aux pieds de fon époux. Son pere témoins d'un fpectacle fi tragique, s'empreffe de la fécourir, & prie les Dieux *de la rendre à la vie.*

HE'RODE ET MARIAMNE.

Je m'attendois à un dénouement plus merveilleux.

BRUTUS.

Il eft trop trifte ; & la mort d'Amenaïde, pour être naturelle, n'eft pas vrai femblable.

ROME SAUVE'E.

Votre Héros, ma Sœur, ne devoit pas mourir.

LE DUC DE FOIX.

Vous auriez frappé bien davantage le Spectateur, fi après avoir annoncé la mort de Tancrede, on l'eut vû reparoître vainqueur de Solamir.

MEROPE.

Je crois que ce dénouement auroit fait plus de plaifir.

TANCREDE.

Mais je n'aurois pas été une Tragédie.

L'ORPHELIN DE LA CHINE.

Pourquoi ? mon dénouement eft de même, & je ne fuis pas moins très-tragique.

MAHOMET.

Quoi qu'il en foit, vous m'avez enchantée.

SEMIRAMIS.

Que j'ai verfé de larmes ! moi qui n'en fais guere répandre.

ALZIRE.

Si votre conduite étoit auffi fage que vous êtes belle, vous nous furpafferiez.

ZAYRE.

Mon Pere ne regarde pas de fi près à no-tre conduite ; & malgré cela nous lui fai-fons honneur.

LA MORT DE CE'SAR.

On dira toujours de lui , en nous voyant, qu'il eft le Coriphée & l'Apollon du Théâtre François.

ŒDIPE.

Moi feule j'ai ouvert fa carriere avec honneur.

TANCREDE.

J'attens votre décifion.... mon fort m'inquiéte.

L'ORPHELIN DE LA CHINE.

Prenez votre rang après moi ; la place eft bonne.

ROME SAUVE'E.

Je ne puis marcher qu'après vous,& com-me vous valez mieux que moi , je me re-tire.

SCENE VIII.

ŒDIPE, HE'RODE & MARIAM-
NE, BRUTUS, ZAYRE, ALZI-
RE, LA MORT DE CE'SAR,
MAHOMET, ME'ROPE, SE'-
MIRAMIS, LE DUC DE FOIX,
L'ORPHELIN DE LA CHINE,
TANCREDE.

ŒDIPE.

SA retraite lui fait honneur; en vous cé-
dant sa place, elle ne vous fait point de
grace.

SEMIRAMIS.

Vous avez quelque défaut, mais on vous
corrigera.

LA MORT DE CE'SAR.

Quoique plus petite, j'ose faire compa-
raison avec vous.

MEROPE.

Vous ne ferez jamais aussi bienfaite que
moi, & vous ne ferez jamais tant de plaisir.

ALZIRE.

Si vous n'aviez pas été une de nos Sœurs,
j'aurois eu peur pour vous. Vous débutez si

mal , qu'on n'auroit peut-être point eû la patience de vous entendre jufqu'au troifié-me Acte fi un autre Auteur vous eût fait naître.

Z A Y R E.

Je fuis fi tendre & fi bonne , que je ne puis m'empêcher d'avouer que vous m'avez attendrie jufqu'aux larmes.

M A H O M E T.

Notre Pere vous a ménagé des fituations qui vous foutiendront toujours ; mais vous avez des longueurs infupportables.

HE'RODE ET MARIAMNE.

Je me fens fi foible auprès de vous , que je fuis obligée de fortir. Je voudrois vous égaler malgré vos imperfections.

LE DUC DE FOIX.

J'ai eu des admirateurs, j'en ai encore quelques uns , mais vous en aurez plus que moi. Je m'en vais engager les miens à ne me pas abandonner lorfque je paroîtrai. Adieu, mes Sœurs.

TANCREDE *au Duc de Foix.*

Vous me donnez votre approbation ?

LE DUC DE FOIX.

Vous la meritez.

HE'RODE ET MARIAMNE, *en s'en allant.*

Plus je la vois , & plus je me trouve mauvaife.

LE DUC DE FOIX , *en fortant.*

Et moi, moins je me trouve bonne.

SCENE IX.

ŒDIPE , BRUTUS, ZAYRE, AL-
ZIRE, LA MORT DE CE'SAR,
MAHOMET , MEROPE ,
L'ORPHELIN DE LA CHI-
NE , TANCREDE.

TANCREDE.

JE fuis cependant fachée que mes Sœurs
m'abandonnent.

ŒDIPE.

Votre bonté les chagrine. Entre nous, autant le Duc de Foix , Hérode & Mariamne , & Rome Sauvée font paffablement bonnes , autant Artémire & Eriphile font mau-
vaifes.

TANCREDE.

Mais cela ne m'affure point un fort heureux ; vos fentimens fur moi , Œdipe , me
feroient bien favorables.

ŒDIPE.

Vous avez de trop grande beautés pour ne
pas mériter les applaudiffemens du Public
éclairé : Si nous allons vous juger , c'eft
d'après lui. Mais il eft à propos que vous nous

laiffiez libres. Retirez-vous un moment,
nous ne ferons pas long-tems.

TANCREDE.

Je me foumets à votre décifion ; & je fou-
haite reparoître à vos yeux plus belle &
moins prolixe.

SCENE X.

ŒDIPE, BRUTUS, ZAYRE, AL-ZIRE, LA MORT DE CE'SAR, MAHOMET, ME'ROPE, SE'-MIRAMIS, L'ORPHELIN DE LA CHINE.

ŒDIPE.

NOus avons un peu trop parlé devant
Tancréde , l'encens que nous lui avons donné va la rendre orgueilleufe. N'a ra-t'elle
pas affez de gloire d'être avec nous ? Elle
mérite,il eft vrai,des éloges ; mais elle n'approche pas encore de moi.

BRUTUS.

Ni de moi. Qu'elle en eft éloignée !

SE'MIRAMIS.

Les coups de Théâtre qu'elle produit , ne
font pas fi frappans que les miens.

ZAYRE.

Vos coups de Théâtre font merveilleux ; mais ils ne font pas fi naturels que les fiens.

ALZIRE.

Toutes fes fituations font prifes dans la nature.

L'ORPHELIN DE LA CHINE.

C'eft beaucoup de ne pas s'en écarter, je n'ai réuffi que par-là.

MEROPE.

Comme vous parlez d'elle ? on la prendroit pour un chef-d'œuvre. Je dis moi qu'elle marche fort mal & qu'elle eft d'une inconftance outrée. Comment! ne pas refter à la même place : changer de lieu ! ce font-là des défauts inpardonnables.

MAHOMET.

Et dont on ne pourra la corriger : mais nous autres , fommes-nous exemptes de défauts ?

LA MORT DE CESAR.

Sans doute : elle ne peut pas nous deshonorer. C'eft notre Sœur ; foyons unies enfemble,& ne décourageons pas notre Pere par notre méfintelligence.

ŒDIPE.

Vous penfez jufte... il faut l'admettre parmi nous ; c'eft pourquoi j'efpere que vous allez me donner vos avischacune , fans partialites.

BRUTUS.

BRUTUS.

Comme la plus ancienne après vous, Œdipe, je vais donner l'exemple. Malgré ma vieillesse, je conserve toute ma chaleur, & je décide que Tancrede est bonne, & qu'elle restera au Théâtre malgré ses ennemis.

ZAYRE.

Elle ne peut m'égaler ; mais je ne puis la renier pour ma Sœur, elle a un mérite particulier qui m'intéresse pour elle.

ALZIRE.

Si elle avoit ma conduite j'en ferois mon égale : sans cela point de quartier : je suis trop grande, & elle est trop petite.

MAHOMET.

Dispensez-moi de parler, mon silence confirme tout ce que l'on peut avoir dit, & tout ce que l'on peut dire d'elle en bien.

MEROPE.

Elle brillera pendant quelque tems ; mais à la chute des feuilles je ne lui ferai point de grace ; c'est un avorton auprès de ma beauté.

SEMIRAMIS.

J'intéresse plus au Spectacle que dans le cabinet, comme je pense qu'elle aura mon sort, je la trouve digne de nous.

L'ORPHELIN.

C'est bien dit : que Tancrede soit notre Sœur, ses appas plaisent au Public, en ne parlant que d'après lui, nous ne pouvons pas manquer de faire un jugement équitable.

C

ŒDIPE.

C'eft toujours lui qui juge de nous : d'un coup d'œil, il voit nos beautés comme il s'apperçoit de nos défauts. Plufieurs d'entre nous ont été corrigées par notre Pere fur fes avis, nous devons donc les fuivre. Les applaudiffemens qu'il donne à notre Sœur, font un fûr garant qu'elle lui fait plaifir. Recevons-la d'une voix unanime. Le génie qui protege notre Pere ne le quittera qu'au tombeau : l'univerfalité de fes talens lui ont déja acquis l'immortalité au Temple de mémoire. Trop heureufes d'être nées d'un tel Pere !

LA MORT DE CESAR.

C'eft mon avis... Vous vous y tenez toutes...Adieu. je vais dans une maifon bourgeoife où ma préfence eft néceffaire.

(elle fort)

ŒDIPE.

Tancrede peut revenir & fe montrer hardiment. Elle ne fera pas cependant à l'abri de la critique.

SEMIRAMIS.

Nous en avons toutes effuyées un affez grand nombre.

MEROPE.

Elles ont fait honneur à notre Pere & à nous.

BRUTUS.

La critique fouvent fait notre renommée.

ZAYRE.

Souvent elle nous a rendu meilleures que
nous n'étions.

MAHOMET.

Appellons Tancrede, rien ne peut la retenir ... Elle vient ! Applaudiffons-la.

SCENE XI.

ŒDIPE , BRUTUS , ZAYRE , ALZIRE , MAHOMET , MEROPE , SEMIRAMIS , L'OR-PHELIN DE LA CHINE, TAN-CREDE.

L'ORPHELIN DE LA CHINE.

AH qu'elle eft changée !

TANCREDE *reparoiffant au bruit des applaudiffemens.*

Vous m'applaudiffez ; j'ai lieu de croire
que mon Arrêt eft favorable.

MEROPE.

Vous me faites plus de plaifir à préfent ,
que la premiere fois.

SEMIRAMIS.

Je vous envifage de même , & je vous
comprends plus aifément.

ZAYRE.

Plus je vous obferve , & plus j'apperçois
en vous des beautés.

TANCREDE.

J'ai été corrigée, & je ne parle plus tant.

ŒDIPE.

Vous faites bien : les actions font plus recherchées aujourd'hui que les paroles, on aime tout ce qui fait tableau. * C'eft le goût du du fiécle.

BRUTUS.

Je crains cependant que le grand jour de l'impreffion ne vous faffe du tort. Vous parlés-bien, j'en conviens ; mais la lecture, ne préfente pas aux yeux l'action comme la repréfentation Au cabinet fouvent on ne nous reconnoit plus.

TANCREDE.

Je n'y paroitrai que bien parée ; & par inclination pour notre Pére je porterai toujours fon portrait avec moi, ainfi que mes plus belles fituations , ** j'en ferai peut-être plus recherchée.. Mais quel eft mon fort ? Aurai-je une place parmi vous.

ŒDIPE.

Vos beautés , votre genre fingulier & vos fituations neuves & naturelles vous l'ont fait acquérir Brutus , Zaïre , Alzire , Merope

---

* Hypermneftre , Tragedie de M. le Mierre , n'a réuffi que par les coups de Théâtre des 3 & 4 Actes qui font tableaux, cette Piéce n'étant pas fuportable à la lecture.

** La Tragédie de Tancrede que l'on imprime actuellement precedée d'une Préface , fera enrichie du portrait de M. de Voltaire , & de deux eftampes qui repréfenteront les plus belles fituations de cette Piéce.

& moi , nous aurons toujours un avantage
fur vous , que vous ne pouvez point nous
refufer. Comme vous valez en grandeur , en
beauté & en attraits Semiramis , Mahomet,
& l'Orphelin de la Chine , nous vous
plaçons après elles ; proteftant que vous êtes
au-deffus du Duc de Foix , de Rome Sauvée , & d'Hérode & Mariamne. Voilà , mon
fentiment , à moins que mes Sœurs n'en
rappellent.

TOUTES LES TRAGE'DIES *enfemble.*
C'eft auffi le nôtre , & nous approuvons
tout ce que vous venez de prononcer.

TANCREDE.

Je fuis bien reçue du Public , vous m'ad-
mettez à votre rang dans ce Spectacle , vous
me pardonnez mes défauts , car je conviens
que j'en aurai toujours ; mon bonheur ne
peut-être plus grand !

BRUTUS.

Nous vous rendons juftice en vous ap-
plaudiffant.

MEROPE.

J'ai cependant un confeil à vous donner , ma Sœur : c'eft de vous ménager , & de
ne pas vous ufer ; le Public s'en trouvera
mieux , ainfi que nous & vous...

TANCREDE.

Cela ne dépendra pas de moi : je fuis trop
flattée de votre accueil & de votre jugement pour ne pas me foumettre à vos loix.

Je ne sçaurois trop être reconnoissante.

ŒDIPE.

J'entens qu'on vous appelle. Allons, mes Sœurs : accompagnons Tancrede jusqu'en ses appartemens ; * qu'elle y reste en attendant Zulime. **

TANCREDE.

Zulime ! seroit-ce encore une Sœur ?

ŒDIPE.

Oui, mais elle n'est pas encore en état de paroître dans le monde, on doit dans peu la mettre à l'Etude.***

TANCREDE.

Je suis contente d'avoir passé avant elle ; cela me donnera comme vous le droit de la juger.   MEROPE.

Vous n'aurez peut-être pas cette peine : elle peut mourir en naissant.

TANCREDE.

Ce n'est point ce que je souhaite : je ne suis pas méchante, & je désire qu'elle vive : au moins je ne serai pas la derniere.... Mais le bruit redouble ; le Public s'impatiente : allons me montrer, & mériter par ma soumission la continuation de ses applaudissemens.   FIN.

---

* *En ses appartemens*, à cause du changement de decorations, l'unité de lieu n'étant pas observée dans Tancrede.

** Zulime, Tragédie nouvelle de M. de Voltaire : on prétend que cette Piéce n'est pas neuve, qu'elle est seulement corrigée, n'ayant pas eu de succès lorsqu'elle fut reéfentée il y a dix-huit à vingt ans.

*** Une Tragédie à l'Etude, c'est-à-dire que les Comépens apprennent leur Rôle pour la repréfenter.

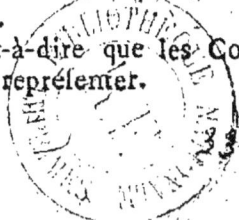

di

www.ingramcontent.com/pod-product-compliance
Lightning Source LLC
LaVergne TN
LVHW022157080426

835511LV00008B/1445